BIBLIOTHÈQUE
MEURTHE-ET-MOSELLE
No 117
1886

(À conserver)

NICOLAS VAGNER

SA MORT — SES FUNÉRAILLES

DISCOURS DE MONSEIGNEUR L'ÉVÊQUE DE NANCY

LETTRE DE MONSEIGNEUR L'ARCHEVÊQUE DE BESANÇON

BILLET DE CONDOLÉANCE

DE MONSEIGNEUR LANGÉNIEUX, ARCHEVÊQUE DE REIMS

LETTRE DU P. JOSEPH

TÉMOIGNAGES DE LA PRESSE

LETTRE DE M. LE COMTE DE LAMBEL

———

MDCCCLXXXVI

F 27
n
397

Nicolas VAGNER

SA MORT — SES FUNÉRAILLES

DISCOURS DE MONSEIGNEUR L'ÉVÊQUE DE NANCY

LETTRE DE MONSEIGNEUR L'ARCHEVÊQUE DE BESANÇON

BILLET DE CONDOLÉANCE

DE MONSEIGNEUR LANGÉNIEUX, ARCHEVÊQUE DE REIMS

LETTRE DU P. JOSEPH

TÉMOIGNAGES DE LA PRESSE

LETTRE DE M. LE COMTE DE LAMBEL

———

MDCCCLXXXVI

NANCY

IMPRIMERIE CATHOLIQUE DE R. VAGNER

On a pensé que la famille et les amis aimeraient à posséder, réunis dans un même volume, les témoignages de regret, de sympathie, de reconnaissance et d'admiration, qui se sont multipliés autour du cercueil et de la tombe de M. Vagner.

La présente publication répond à ce vœu et remplit ce désir.

Madame veuve VAGNER, Monsieur René VAGNER, Gérant de l'*Espérance*, Madame René VAGNER, Mademoiselle Camille VAGNER, Monsieur l'Abbé Léopold VAGNER, curé de Tomblaine, Madame Lucien FLORENTIN, née VAGNER, Monsieur l'Abbé Auguste VAGNER, vicaire à Saint-Georges, Messieurs Alphonse et Marcel VAGNER, Mesdemoiselles Aline et Edmée VAGNER, Monsieur Léonce FLORENTIN, Monsieur Louis CLAUDE, Monsieur ORY, propriétaire, et Madame ORY, Monsieur Edmond ORY, professeur à l'Université catholique de Lille, Madame Edmond ORY et leurs enfants, Mademoiselle Emma ORY,

Ont la douleur de vous faire part de la perte cruelle qu'ils viennent d'éprouver en la personne de

Monsieur Nicolas VAGNER

Commandeur de Saint-Grégoire-le-Grand,
Gérant honoraire du Journal l'ESPÉRANCE,
Secrétaire-général et Fondateur des Sociétés de Saint-Vincent-de-Paul, de Saint-François-Régis,
Président de l'Œuvre des Écoles Chrétiennes,
Président de la Société des Ouvriers de Saint-François-Xavier,
Président du Comité de défense des libertés religieuses,
Président de l'Œuvre des Patrons Catholiques,
Vice-Président de la Société de Patronage, etc., etc.,
Membre de l'Académie de Stanislas et de plusieurs Sociétés savantes.

leur époux, père, beau-père, grand-père, beau-frère, oncle et grand-oncle,

Pieusement décédé à Nancy, le 14 avril 1886, dans sa 76ᵉ année,

MUNI DES SACREMENTS DE LA SAINTE ÉGLISE.

Requiescat in pace!

NICOLAS VAGNER

Après plusieurs années de cruelles souffrances, après quelques semaines de véritable agonie, est décédé, le 14 avril, dans sa 76ᵉ année,
muni des sacrements de la Sainte Église, en paix avec le Ciel et les
hommes, résigné à la volonté de Dieu et confiant en sa miséricorde,
M. Nicolas Vagner, rédacteur et gérant honoraire de l'*Espérance*,
Président des Sociétés de Saint-François-Xavier, des Patrons catholiques, de la Commission des Écoles Chrétiennes et du Comité de
Défense des libertés religieuses, vice-président de la Société du Patronage, secrétaire-général et fondateur des Sociétés de Saint-Vincent-de-Paul et de Saint-Régis, commandeur de l'Ordre Pontifical de
Saint-Grégoire-le-Grand, correspondant de l'Académie de Stanislas,
etc., etc.

Il n'est pas d'homme nécessaire, puisque Dieu n'a besoin de personne ; mais les Œuvres catholiques et charitables de Nancy savent
déjà, et sauront mieux encore demain, qu'il est des hommes difficiles
à remplacer.

Les nombreux titres de M. Vagner, en effet, n'étaient pas de
vains titres honorifiques. S'il acceptait volontiers la première place,
non moins volontiers il assumait les premières charges. Peut-être
même, depuis une vingtaine d'années, dans l'ardeur de son zèle, et
avec la facile connivence de ses collaborateurs, avait-il un peu trop
concentré entre ses mains la direction des associations catholiques,
oubliant que les santés les plus robustes sont vite abattues, que les
vies les plus longues sont toujours courtes, et que rien ne paraît so-
lidement fondé de ce qui semble reposer sur un seul homme. Dans
tous les cas, le multiple fardeau qu'il a si longtemps et si allègre-
ment porté, sera forcément réparti sur plusieurs épaules. Si notre
ami a pu suffire à tant d'œuvres diverses, c'est qu'il s'y était entière-

ment dévoué. Actif, — ce n'est pas assez dire ! — infatigable, à l'exception de quelques délassements de chasse qu'il s'accordait en automne, il ne connaissait guère, depuis longtemps, le reste de l'année, d'autres distractions que de passer d'une bonne œuvre à une autre, et il n'était pas rare de le voir, quinze, parfois dix-huit heures dans son cabinet, exclusivement occupé des pauvres, des ouvriers, de tous ceux qui, connus ou inconnus, de près ou de loin, avaient recours à ses conseils, à son expérience et à son influence.

Et toujours, est-il besoin de le dire, avec le plus complet, avec le plus parfait désintéressement.

Peu de vies auront été aussi bien remplies ; peu d'hommes auront, dans une sphère relativement modeste, rendu à leurs semblables autant de services que l'homme dont nous déplorons la perte.

*
* *

Nicolas Vagner naquit le 4 février 1811, à Nancy, rue de la Primatiale, où ses parents, originaires de la Lorraine allemande, exerçaient une modeste industrie. Elevé chrétiennement, esprit ouvert et cœur chaud, il se sentit de bonne heure incliné vers l'état ecclésiastique. Mais l'homme propose et les événements disposent. Le jeune aspirant au sacerdoce avait terminé ses études littéraires à Pont-à-Mousson, et suivait le cours de philosophie au Grand-Séminaire, quand survint la Révolution de 1830, qui chassa les Séminaristes après avoir chassé une dynastie. La tranquillité tardant à renaître, et les écoles ecclésiastiques à se rouvrir, plusieurs jeunes gens rentrèrent dans le monde pour s'y créer un avenir. Vagner suivit cet exemple, acheva sa philosophie au Collège royal, prit ses grades universitaires et se voua à l'enseignement. Ce n'était pas sa véritable mission, mais aux époques troublées on n'arrive pas toujours par la ligne droite à sa véritable place. En attendant qu'un poste lui fût assigné, Vagner alla passer quelque temps à Leipsig, où sa famille avait des relations. Personne ne se doutait alors, lui-même ne se doutait pas, que la langue allemande, qu'il cultivait là-bas, servirait plus et plus longtemps au Secrétaire général de Saint-François-Régis, pour les mariages des pauvres alsaciens et lorrains, qu'au professeur du Collège royal et de l'Ecole Forestière.

Nicolas Vagner obtint ce double poste en 1832, resta au Collège jusqu'en 1844, et à l'Ecole Forestière jusqu'en 1845.

Au mois de septembre 1836, il conduisit à l'autel la compagne affectueuse et dévouée qui, pendant près de 50 ans, a partagé avec lui les bons et les mauvais jours. Huit enfants sont nés de ce mariage béni, dont les cinq survivants, parmi lesquels deux prêtres, ont eu la joie d'applaudir, avec leur mère, au bien considérable que leur père a réalisé ! Les deux époux se préparaient à fêter leurs noces d'or dans quelques mois. La mort ne l'a pas permis. Ils les fêteront là-haut, où les noces d'or sont éternelles, et où le bonheur est à jamais sans nuages.

*
* *

Vers ce temps-là avait commencé, à Paris, pour bientôt s'étendre à la province, cet admirable mouvement religieux qui, depuis, n'a cessé de gagner en étendue et en profondeur. Il avait commencé par la jeunesse et la charité. N'est-ce pas la jeunesse qui se dévoue avec le plus d'abandon, et n'est-ce pas la charité qui exerce le plus fécond rayonnement ?

On se plaint souvent, et à trop juste titre, de l'indifférence et de l'hostilité que la religion rencontre aujourd'hui sur son chemin. Après 1830, l'hostilité, dans certaines classes, n'était pas moindre, et chez le grand nombre l'indifférence était plus profonde. A Nancy, dans la société lettrée, on comptait, en tout, sept ou huit hommes qui fréquentaient les églises; et encore, sur ce nombre, quand Pâques arrivait, trois ou quatre allaient communier dans une chapelle privée, ou avant le soleil levé. Le respect humain régnait en tyran. Ce tyran, du moins, a été vaincu. Rappelez-vous nos dernières processions publiques, ou les deux dernières communions pascales !

Croyant, ardent, Vagner fut au premier rang dès qu'il s'agit de lutter et d'agir. L'Université d'alors était aussi peu dévote que l'Université d'aujourd'hui; mais elle se montrait plus tolérante, parce que le gouvernement était plus libéral. On n'en était pas réduit à opter entre son pain et ses convictions, et un fonctionnaire pouvait, sans provoquer aucune observation, s'enrôler dans une société charitable et catholique. La tolérance, cependant, avait ses bornes, et la liberté laissée au disciple de saint Vincent de Paul ne se serait peut-être pas longtemps étendue au journaliste militant. Vagner jugea prudent, un jour, de n'en pas faire l'essai.

En attendant, il put, quoique fonctionnaire, mettre de bonne heure, et avec succès, sa plume au service de l'art et de la religion. Confisquée, comme tous les biens ecclésiastiques, à l'époque de la Révolution, vendue à vil prix et devenue un embarras pour se acquéreurs, la Chartreuse de Bosserville allait être démolie pierre par pierre, et disparaître à jamais, lorsque deux catholiques firent appel à la générosité publique. C'étaient MM. de Dumast et Vagner. Ils furent entendus et compris; une souscription s'ouvrit en 1835, et bientôt les enfants de saint Bruno purent rentrer dans le splendide monument que leur avait bâti un duc de Lorraine.

*
* *

C'étaient là, avec quelques articles dans le *Courrier Lorrain*, comme les premières armes du soldat chrétien. Mais un nouveau champ allait s'ouvrir à son zèle et à son activité. La Société de Saint-Vincent de Paul, fondée à Paris par huit jeunes gens, fut introduite à Nancy le 25 janvier 1838. Elle comptait 12 membres à son début. Elle en compte maintenant plusieurs centaines, et ce n'est pas encore assez! Vagner fut un des douze, et dès le premier jour, par une impulsion qui est vite devenue et est restée chez lui une habitude, il prit la plus large part des travaux en acceptant les fonctions de secrétaire. L'arbre de la charité était planté parmi nous, et de ses racines devaient bientôt sortir des rejets nombreux et vigoureux.

Trois mois plus tard, en effet, on vit surgir la Société de Saint-François-Régis, de laquelle, plus encore que des autres, Vagner est resté le directeur infatigable et à peu près exclusif. Derrière la misère physique, on avait découvert une autre misère plus profonde et plus lamentable, le concubinage. Sur huit familles visitées par notre ami, cinq vivaient dans le désordre. Elles furent réconciliées avec la loi et avec Dieu; et aujourd'hui, après 48 ans d'existence, la Société a fait bénir 10.302 mariages d'indigents, et légitimer 6.357 enfants. N'eût-il pas fait autre chose dans sa vie que de travailler à ce résultat, l'homme qui a fait cela, avec le concours de ses frères, n'a-t-il pas bien mérité de son pays et de la religion?

Mais les mariages des pauvres étaient loin d'absorber tout le temps et toute l'activité de M. Vagner.

La lutte, alors, pas plus qu'aujourd'hui, n'était circonscrite sur le terrain de la misère. Elle se poursuivait aussi sur le terrain des idées. L'impiété avait partout ses apôtres et ses journaux; la foi ne devait-elle pas avoir les siens partout? et après avoir donné le pain matériel aux pauvres, n'était-il pas nécessaire de distribuer la vérité aux riches? Il y a plusieurs manières de faire l'aumône! L'association charitable avait la mission d'assister et de consoler, l'association intellectuelle aurait la mission de protéger et de lutter. La Société *Foi et Lumières* existait bien depuis 1837, et Vagner avait contribué à sa création avec son entrain habituel ; mais c'était une Académie, et il fallait un journal. L'*Espérance* fut fondée, et son premier numéro parut le 24 décembre 1840, avec MM. de Landrian, de Foblant et Gouy pour gérants.

Vagner qui, déjà, figurait parmi les rédacteurs, devint gérant, à son tour, en 1844, avec M. de Myon, et c'est en 1884 seulement, contraint par la maladie, qu'il résigna ses fonctions.

Un incident survint, l'année suivante, au mois de mai, qui rompit ses derniers liens avec l'Université.

En février 1845, un curé de campagne se plaignit vivement dans l'*Espérance*, trop vivement, parait-il, du retard apporté à la distribution des mandats ecclésiastiques. L'administration et le parquet virent, dans sa lettre, le délit de diffamation et d'outrage, et le gérant, c'était M. Vagner, passa aux assises. La condamnation fut aussi bénigne que pouvait l'être une condamnation — 200 fr. d'amende, 100 affiches et l'insertion du jugement dans le journal ; mais notre ami, à qui cet incident ne fit rien perdre dans l'estime publique, résigna sa place à l'Ecole Forestière et, de professeur, devint imprimeur et libraire.

La démission fut spontanée, M. Vagner ne croyant pas devoir mettre le libéralisme officiel à une trop forte épreuve !

Mais de ce moment seulement il se trouva dans son véritable élément, tout à fait libre de se dévouer à la défense de la vérité, de la justice et au développement des œuvres charitables.

*
* *

Nancy catholique offrait, depuis quelques années, un spectacle singulièrement attrayant. C'était l'époque où le P. Lacordaire y attirait les multitudes à ses éloquentes conférences, et où, grâce à la générosité de M. de Saint-Beaussant, il fondait, ici, la première Maison de son Ordre ressuscité en France. Louis Veuillot, récemment converti, venait s'édifier de ce qu'il voyait, dire ce qu'il espérait, et charmer ses hôtes et ses amis par ses étincelantes causeries. *Foi et Lumières* continuait d'être un foyer d'études et de progrès. La charité faisait merveille avec des loteries comme on n'en voit plus maintenant, — jusqu'au jour où ses succès portèrent ombrage à l'administration. Les préfets qui n'aiment pas les loteries cléricales, ne datent pas tous de la République ! On était jeune, confiant, uni ; et dans ce mouvement, dans ce renouveau, notre ami, plein, lui aussi, de confiance et d'ardeur, toujours au premier rang, concourait au bien et poursuivait sa féconde carrière de lutte, de propagande et de charité. Il est regrettable qu'il n'ait pas écrit l'histoire de cette époque dont, seul peut-être, il avait gardé les édifiants et précieux souvenirs.

Mais les événements marchaient. Un autre trône s'écroulait, et de nouvelles épreuves tombaient sur la France.

Même au milieu des incertitudes et des anxiétés de ce temps-là, en pleine République de 1848, M. Vagner, de concert avec M. le chanoine Gridel, trouva l'occasion et le moyen de fonder une œuvre nouvelle, le Patronage pour les aveugles, les sourds-muets, les aliénés et les orphelins, — un peu délaissé aujourd'hui, mais auquel l'un de ses fondateurs a conservé son concours jusqu'à la fin de sa vie. Hier encore, sur son lit de mort, il s'intéressait à sa dernière loterie.

L'Empire, avec lequel il n'était pas toujours facile de vivre, respecta, dans ses premières années, la liberté des œuvres charitables ; et M. Vagner put, en toute sécurité, s'employer à fortifier autour de lui, et à faire rayonner au loin, les Conférences de Saint-Vincent de Paul.

Plus tard, les dispositions changèrent. Il n'est pas dans la nature du despotisme, collectif ou personnel, de vivre longtemps en paix avec des institutions libres et indépendantes.

Mais les devoirs des catholiques allaient grandir avec les périls que la guerre d'Italie suscita au Saint-Siège. M. Vagner aimait trop l'Eglise et le Pape pour ne point prendre une part active à cette lutte nouvelle. Mettre sa plume au service d'une cause si sainte, c'était quelque chose, sans doute. Pour lui, ce n'était pas assez : il voulut, traduisant en acte les articles de l'*Espérance*, mettre un soldat au service de Pie IX, et le 31 juillet 1866 il conduisit lui-même à Rome, pour l'incorporer dans les zouaves Pontificaux, un de ses fils, Charles, qu'il venait de racheter du service militaire : celui qui, après s'être bravement battu pour le Pape, est venu héroïquement mourir, le 2 décembre 1870, à Loigny, pour la France.

Ce premier voyage de Rome fut, pour notre ami, un véritable enchantement. Monuments chrétiens et monuments païens, il visita tout, et tout le ravit ; mais ce qui le ravit par-dessus tout, ce fut l'affectueux, le paternel accueil que reçut au Vatican le rédacteur-gérant du journal que Pie IX connaissait. De cet accueil, M. Vagner ne se souvint et ne parla jamais qu'avec la plus vive émotion et les larmes aux yeux.

Un second voyage, entrepris en 1868, renouvela ce bonheur auquel mit bientôt le comble la Croix de Chevalier de Saint-Grégoire-le-Grand, convertie plus tard, sur la demande de Mgr Foulon, en Croix de Commandeur. M. Vagner avait le droit d'être fier de cette distinction. Ne l'avait-il pas vaillamment gagnée par plus de trente ans de services rendus à la religion, à la société et aux pauvres ? Il y voyait, du reste, encore plus un encouragement qu'une récompense; et son ardeur de bien faire semblait vraiment croître avec ses années.

*
* *

Ce vaillant chrétien fut aussi un vaillant patriote.

Des difficultés ayant surgi, pendant l'invasion, entre la Préfecture prussienne et la Maison à laquelle on avait imposé la corvée de publier, à Nancy, un journal allemand, l'autorité résolut de changer d'atelier ; et M. Vagner, mandé chez le préfet, fut mis en demeure de prêter ses presses.

— Jamais ! répondit-il sans hésiter. Jamais il ne sortira de chez moi, catholique et Français, une feuille qui attaque le Pape et la France.

-- Vous oubliez que nous pouvons vous contraindre à obéir.

— Essayez ! Voici ce que je ferai, si vous recourez à la force ; j'enverrai ma famille à la campagne ; je briserai mes presses, et vous ferez de moi et de ma maison ce que vous voudrez.

Le fonctionnaire allemand fut-il touché de cette courageuse attitude ? C'est son secret ; mais M. Vagner n'entendit plus parler de rien, et bientôt après, au lieu d'imprimer un journal prussien, il imprima l'*Attentat de Rome*, rédigé par lui avec les renseignements venus de Belgique, et apprit à ses concitoyens, séparés du reste du monde, de quelle ingratitude le Piémont venait de payer le sang français versé à Magenta, à Palestro et à Solférino.

*
* *

Après la guerre et l'occupation, la France, meurtrie et mutilée, s'occupa à panser ses plaies.

S'en occupa-t-elle comme il aurait fallu ? L'énorme rançon fut payée, l'armée reconstituée, le budget équilibré, et sur la nouvelle frontière se dressèrent des remparts formidables. Mais les plaies morales — les véritables causes du châtiment qui pèse encore sur nous, songea-t-on à les guérir ? Quelques soldats prisonniers, moins pour tromper leur patriotique douleur que pour raviver leurs patriotiques espérances, méditèrent sur ce grave problème, et de leurs méditations naquit l'Œuvre des cercles catholiques. D'autres associations, les unes pieuses, les autres charitables, furent organisées ou développées. L'ouvrier, son sort, son avenir, son bien-être, sa moralisation, devinrent l'objet des plus vives, des plus généreuses sollicitudes ; et les Congrès catholiques, qui se multiplièrent alors, firent de ces questions capitales l'objet de leurs études persévérantes.

Le terrain s'élargit alors devant le zèle de M. Vagner. Son expérience, sa bonne volonté et son dévouement le désignaient, comme naturellement, au choix de ses supérieurs ecclésiastiques pour représenter le diocèse dans ces assises de la charité. Avec quelle ardeur et quel succès il remplit ce mandat plusieurs fois renouvelé, personne ne l'ignore ! Comment il fut accueilli, écouté, entouré, honoré, à Paris, à Lille, à Reims, à Nantes, à Bordeaux, au Puy, etc., etc., on le sait aussi. Sa parole faisait autorité ; d'autant plus que, évitant les longs discours, il se bornait à dire brièvement comment il fallait agir. Pour la moralisation des masses. il s'attachait surtout aux œuvres diocésaines, confréries, cercles de jeunes gens et bibliothèques cantonales.

Aussi ce lui fut un grand chagrin quand la maladie vint mettre un terme à ce fécond apostolat, et ce fut un grand regret pour ses amis, dispersés au loin, de ne plus entendre ses sages, ses précieux conseils.

*
* *

D'événements considérables, ou des choses extraordinaires, on le voit, il ne s'en trouve point dans l'existence, si bien remplie cependant, de M. Vagner. S'il fut de la fondation de la plupart des œuvres catholiques, il ne fut exclusivement le fondateur d'aucune d'elles. Des amis, dont beaucoup sont morts, dont quelques-uns seulement survivent, partagent avec lui l'honneur et le mérite de ces créations ; mais sans lui, beaucoup de choses ne se seraient pas faites, ou n'auraient pas vécu. Ce qui lui revient en propre, et constitue sa physionomie, c'est, après l'activité de la première heure, la persévérance qu'il a déployée, plus que personne, pour la durée et le développement de ces œuvres. Il voulait bien ce qu'il voulait ! et nul n'a contribué comme lui à faire vivre et prospérer ce qu'il avait contribué à établir. Il y a de l'unité dans sa vie, comme il y avait de la ténacité dans son action ; et c'est par cette ténacité et cette unité qu'il s'est acquis l'influence dont tant de chrétiens ont pu se féliciter et le remercier.

*
* *

L'une ou l'autre des œuvres catholiques était-elle, pour M. Vagner, l'objet d'une préférence ? Il n'y a jamais paru. On remarquait seulement que si, parfois, il redoublait de sollicitude, c'était au profit de celle qui paraissait ou languissante ou menacée. Un jour, non point sous le coup d'une tempête, ou sous l'indifférence générale, mais par suite d'un accord ébauché entre deux autorités, les Écoles chrétiennes libres allaient disparaître. Les Frères devenaient instituteurs communaux, au même titre, et dans les mêmes conditions, que les maîtres laïcs. Plus de souscriptions alors, ni de quêtes pour les entretenir ! C'est fort bien ! se dirent plusieurs catholiques, M. Vagner à leur tête ; mais combien cela durera-t-il ? Les opinions, les hommes et les gouvernements sont changeants ! En effet, si la combinaison avait prévalu, où seraient aujourd'hui les Écoles Chrétiennes ? où seraient les Frères eux-mêmes ?

Et ce que M. Vagner fit pour les Écoles, que de fois ne le fit-il également pour les Conférences de Saint-Vincent de Paul, disséminées dans les trois départements lorrains ? Éloges, conseils, avertissements, réprimandes même, il ne négligeait rien pour arriver au but unique qu'il ambitionnait d'atteindre, le développement de ces associations et, dans leur sein, le développement de la charité fraternelle.

Comme secrétaire-général, M. Vagner dut souvent parler en public. Parler souvent, c'est s'exposer à se répéter. S'il se répétait, on ne s'en apercevait guère : tant il savait, en ses exposés, mettre d'esprit, d'humour, de sagesse et de cœur !

Et cet art d'intéresser avec des choses et des faits connus, il l'a conservé jusqu'aux dernières années de sa vie. Parfois même, alors, entre deux crises, il semblait comme ressusciter et rajeunir, quand il avait une réunion à présider, un travail à lire, ou à parler de piété et de charité. Les pèlerinages à Benoîte-Vaux et les fêtes de Saint-Vincent de Paul comptaient parmi ses beaux jours. Il n'était jamais si heureux que lorsqu'il voyait beaucoup d'heureux autour de lui !

Cela se remarquait surtout aux réunions annuelles et solennelles de la Société de Saint-François-Xavier. C'est l'usage, maintenant, de flatter les ouvriers. M. Vagner, Président d'une Société populaire, setimait assez ses membres pour ne les flatter jamais. C'est parce qu'il voulait les servir, et non se servir d'eux. Et ses virils conseils, même ceux qui ressemblaient à des sermons, étaient chaleureusement applaudis, et parfois religieusement suivis. L'ouvrier aime qu'on lui dise franchement d'observer le dimanche, d'aller à la messe et à confesse. S'il n'y va pas, et c'est trop souvent le cas, il respecte au moins ceux qui lui montrent le chemin.

Il respecte aussi ceux qui s'occupent de lui sans aucune arrière-pensée de profit ou d'influence personnelle. Voilà pourquoi le vénérable président de Saint-François-Xavier s'est acquis, dans cette Société, et a conservé une si grande popularité. Être regretté des pauvres et des travailleurs, c'est la meilleure preuve qu'on a été un homme utile et bienfaisant ! Cette preuve, le cortège de demain la fournira.

Influent et apprécié, M. Vagner ne l'était pas seulement dans les associations pieuses ou charitables. On l'appréciait partout, et on le consultait souvent. Lui-même ne se privait pas d'exploiter sa position, en faveur des bonnes œuvres. Vingt fois, cinquante fois, dans un cas pressant, ou pour une affaire exceptionnelle, il lui a suffi d'envoyer dix mots de son écriture à des familles dont la générosité est héréditaire, pour surmonter toutes les difficultés. Mais aussi il prêchait d'exemple ; et s'il avait le droit de demander souvent, c'est parce qu'il avait l'habitude de donner beaucoup. A de certains jours, qui revenaient fréquemment, son cabinet ressemblait à une succursale du bureau de bienfaisance. Quand on ne savait où aller, on allait chez lui, et Dieu seul sait quels secours de tous genres les pauvres y ont reçu.

*
* *

Une des œuvres nées de son initiative, et dont le souvenir avait gardé pour lui un charme particulier, c'est la transformation de l'église de Loigny.

Le 22 avril 1871, en pleine Commune, il entreprit le pèlerinage au tombeau de son fils, le sergent des *Volontaires de l'Ouest*. Il pria pour le jeune martyr et pour la France, une martyre aussi. Puis, devant la détresse de l'église et du curé, corrigeant et agrandissant le plan, déjà conçu, d'élever un monument aux héros de Loigny : « Pourquoi, dit-il, ne ferait-on pas de l'église même un monument ? Il aurait fallu 3.000 fr. pour élever un trophée ; il faudra 30.000 fr. pour remettre l'église à neuf, et on les trouvera. »

On les a trouvés, en effet, et les nouveaux croisés, morts pour la France sous la bannière du Sacré-Cœur, dorment maintenant leur dernier sommeil dans ce sanctuaire restauré par la piété de leurs familles. Ils ressusciteront glorieusement où ils sont glorieusement tombés.

*   *
*

C'est dans l'exercice de ce dévouement aux œuvres et aux hommes, que M. Vagner a passé la plus grande partie de sa vie. Soldat de la religion et de la charité, il est tombé au champ d'honneur, les armes à la main et face à l'ennemi.

Je l'ai vu ainsi, depuis 1848, faire d'année en année, et comme épi par épi, sa gerbe pour l'éternité, — gerbe lourde et précieuse que Dieu a pesée maintenant dans sa justice et sa miséricorde.

Ici-bas, il laisse un grand vide et de grands regrets. Comme il manquera aux Œuvres dont il était la vivante tradition, et auxquelles il imprimait une si féconde activité ! comme il manquera aux amis à qui son expérience était si utile ! comme il manquera aux siens, surtout, dont la vive tendresse et la respectueuse affection s'était, en ces dernières années, empreinte d'une réelle vénération ! Mais son exemple ne sera pas perdu, ni son héritage répudié. Les hommes meurent, les œuvres restent, et passent de main en main sous l'œil et la protection de Dieu.

Demain, quand le convoi funèbre traversera la ville, aucune voix discordante ne s'élèvera sur son passage. Ce chrétien militant, par la franchise de son attitude et la sincérité de ses convictions, a su imposer l'estime à ses adversaires eux-mêmes. C'était un *homme*, un caractère, et si l'on n'aime pas toujours ceux qui vont droit leur chemin, toujours on les respecte et on les salue.

Et maintenant, repose en paix, cher et vieux compagnon d'armes ! Tu as combattu le bon combat et achevé ta course. Par une grâce suprême que le Ciel réserve à ses préférés, tu as passé par le creuset de la souffrance, où l'or pur des mérites se sépare des scories que la fragilité humaine a pu y mêler. Sur un lit de douleur et en face de l'éternité, on comprend bien que tout est vanité, hormis aimer Dieu et servir ses frères par amour de Dieu. Adieu ! ou plutôt : Au revoir ! là-haut, à l'immortel rendez-vous où tous se rencontreront un jour !

Quand on se quitte au soir de la vie, on ne se quitte pas pour longtemps !

A. KAEUFFER.

NÉCROLOGIE

Nous avons la douleur d'annoncer la mort de M. Vagner, Commandeur de Saint-Grégoire-le-Grand, ancien rédacteur-gérant de l'*Espérance*, président des Sociétés de Saint-François-Xavier, du Patronage, des Patrons catholiques, de la Commission des Ecoles chrétiennes, secrétaire-général des Sociétés de Saint-Vincent de Paul, de Saint-Régis, etc., etc., qui s'est doucement éteint, épuisé par de longues et cruelles souffrances, mercredi à six heures et demie du matin.

Nous ne voulons pas aujourd'hui parler longuement de cet homme de bien à qui Monseigneur se propose de rendre un public hommage, en faisant l'absoute à la fin de la messe, samedi, et en prononçant quelques paroles devant le cercueil de celui qu'il avait en si haute estime, et à qui il donna tant de preuves de sa vive affection.

On se souvient que de Rome, où Sa Grandeur, parlant dernièrement au Saint-Père des Œuvres du Diocèse de Nancy, ne pouvait taire le nom de M. Vagner, Monseigneur envoya à son cher et vénéré malade une bénédiction spéciale de Léon XIII.

Il y a un mois environ, M. Vagner sentant les progrès du mal qui le torturait, voulut se préparer immédiatement et chrétiennement à la mort. Monseigneur lui administra les derniers sacrements, qu'il reçut avec les sentiments de la foi la plus profonde, de la piété la plus édifiante. Quelques jours après, un mieux sensible survenu dans l'état du malade fit espérer un retour à la santé. Les soins intelligents, délicats, dévoués, affectueux, dont M. Vagner était entouré ; sa robuste constitution, la bonne saison, tout portait à croire qu'il pourrait encore rester à sa famille, à ses amis, et aux Œuvres auxquelles il a consacré sa vie entière. Le Bon Dieu ne l'a pas permis. Il ne nous a pas donné la joie de revoir et d'entendre son fidèle serviteur au milieu des réunions qu'il dirigeait avec un sens si parfait, et qu'il savait rendre si attrayantes et si intéressantes.

Estimant sans doute qu'il avait assez travaillé, assez souffert, le Seigneur le rappela à Lui. Et lorsque, mercredi matin, comme ils le faisaient chaque jour, ses nombreux et fidèles amis vinrent prendre de ses nouvelles, on leur répondit: « C'est fini! il repose maintenant en paix! » Nous avons voulu le voir sur son lit chargé de couronnes et de fleurs. Jamais il ne nous était apparu avec une physionomie aussi calme, aussi douce, aussi noble, aussi belle. On devinait bien que ce juste s'était endormi dans le Seigneur.

Sa mort laissera un vide immense parmi nous et dans les œuvres auxquelles il consacra la part la plus grande de son existence.

Quand il eut trouvé sa voie, ce vaillant chrétien se voua à toutes les grandes causes de l'enseignement, de la charité, de la patrie et de la religion, avec une ardeur et une persévérance peu communes. Il fut le véritable chef, le guide autorisé de l'admirable mouvement religieux et charitable qui, depuis 1832, a fait à Nancy les plus consolants progrès.

Avec les hommes courageux, intelligents, qui s'unirent à lui dans les Conférences de Saint-Vincent de Paul, il contribua plus que personne à tuer chez nous le respect humain, à secouer l'indifférence, à rendre par la charité la religion aux classes populaires.

Un peu plus tard, par la Société de Saint-François-Régis qu'il organisa, et dont il resta jusqu'à ses dernières années l'infatigable Secrétaire, il lutta contre les désordres les plus désastreux pour la famille. Que d'unions régularisées, que d'enfants légitimés, que de malheureux tirés du mal par ses soins, par son dévouement! Que de veilles prolongées jusqu'aux heures les plus avancées de la nuit, que d'efforts pour procurer à ceux qui lui étaient recommandés, le bienfait d'un mariage chrétien!

Les enfants? Comme il s'occupait de leur instruction, de leur éducation! N'est-ce pas à son initiative, à sa ténacité, que sont dues les œuvres si fécondes du Patronage, des Écoles chrétiennes de Nancy, des Patronages des enfants des Sociétaires de Saint-François-Xavier, etc. ?

Saint-François-Xavier ? On sait tout ce qu'il a fait pour cette œuvre chrétienne de secours mutuels : conseils affectueux, réprimandes sévères lorsqu'il le fallait, démarches de tout genre, secours généreux, rien ne lui coûtait lorsqu'il s'agissait de ses chers ouvriers. Jamais ceux-ci n'oublieront les pressantes exhortations qu'il leur a tant de fois adressées dans ces belles assemblées générales, où chaque année l'élite de notre ville se faisait un bonheur de le voir et de l'entendre, comme un père au milieu de ses enfants, comme un roi au milieu de ses sujets. Jamais ils n'oublieront les grands exemples qu'il leur a donnés. Déjà, et il s'en estimait heureux, les associés de cette œuvre intéressante et féconde lui ont offert spontanément les témoignages de leur gratitude.

Combien nous regrettons de ne pouvoir entrer dans de plus longs détails sur toutes les associations charitables et pieuses auxquelles il prit une si large part depuis quarante ans ! Qu'il nous suffise de rappeler qu'on n'en pourrait peut-être citer aucune qu'il n'ait contribué établir, qu'il n'ait fait prospérer.

Fallait-il de l'argent pour ces fondations ? il donnait largement de sa bourse ; puis, avec une discrétion et une confiance qui ne furent jamais trompées, il savait obtenir de la générosité de familles bien connues, les ressources nécessaires.

Fallait-il des conseils, une direction ? avec son expérience, j'allais dire son génie pour les œuvres, il trouvait bien vite les moyens de tout organiser ; et là où d'autres n'avaient avancé qu'en hésitant, qu'en tremblant, lui marchait d'un pas assuré ; le succès couronnait toujours ses efforts.

Fallait-il un travail assidu, opiniâtre, d'arrache-pied, comme il disait dans son langage pittoresque ? C'est alors qu'il arrivait avec son activité prodigieuse, son indomptable énergie, et seul il menait à bonne fin ce que d'autres, en s'unissant, n'auraient jamais pu ni commencer, ni terminer. On a dit de quelques hommes de guerre, qu'à eux seuls ils valaient des armées : on peut dire de M. Vagner qu'à lui seul, dans les œuvres, il valait une légion.

Tant d'activité, tant de générosité, tant de dévouement ne pouvaient rester dans les limites étroites de notre région. L'influence de M. Vagner s'étendait au loin. De toutes parts, les hommes d'Œuvres le consultaient. Les discours qu'il prononça dans les congrès de l'Union des Œuvres, à Nevers, à

Reims, à Bordeaux, à Nantes, à Lyon, au Puy, etc., après avoir provoqué d'enthousiastes applaudissements, sont devenus les guides les plus sûrs des hommes de bonne volonté, qui, dans les crises actuelles, cherchent tout ce qui peut améliorer le sort de l'ouvrier, contribuer à son bien-être, à sa moralisation, à son bonheur dans cette vie et dans l'autre. Nous avons été témoin de ses succès à Reims et à Bordeaux. Jamais nous n'oublierons l'enthousiasme que provoquait le nom seul de M. Vagner. C'est que pour tous il signifiait : dévouement, intelligence, expérience, intrépidité, élans généreux, entraînement irrésistible. C'est que, pour tous, il rappelait avant tout l'homme d'action, dont les œuvres prêchaient plus et mieux encore que les paroles, pourtant si chaudes et si éloquentes.

Il n'est pas étonnant que les Souverains Pontifes Pie IX et Léon XIII, informés de son activité, de sa charité, de son zèle, de son influence, l'aient honoré de leur faveur ; n'avait-il pas, d'ailleurs, donné un de ses fils à la défense du Saint-Siège ? N'avait-il pas donné deux autres de ses enfants à l'Eglise et au peuple ? Un zouave pontifical tombé glorieusement pour la France, sur le champ de bataille de Loigny ; deux prêtres qui continuent parmi nous les traditions de dévouement et de charité de leur bien-aimé père.

Il n'est pas étonnant que les évêques qui se sont succédé sur le siège de Nancy, aient tous témoigné à M. Vagner une estime particulière, une confiance entière, et, comme nous l'avons vu depuis quelque temps, une affection vraiment touchante. Faut-il ajouter que les curés de la Cathédrale, et plus particulièrement M. Michel, M. Gridel et M. Claude, n'ont pas eu de plus intime ami, de conseiller plus franc, de soutien plus généreux. Sa part dans les œuvres de piété établies sur la paroisse n'est pas moindre que dans les œuvres de charité qui s'étendent sur toute la ville, que dans les œuvres de régénération et de salut qui sont répandues sur toute la France.

Honneur donc à ce vaillant soldat, qui a combattu le bon combat et qui a remporté tant de glorieuses victoires !

Honneur à ce chrétien généreux et charitable, qui a consacré toutes ses forces au bien du peuple et des classes les plus délaissées de la société !

Honneur à cet homme de foi, qui dans toutes ses œuvres a cherché avant tout le bien de la religion, le bien de l'Eglise, et qui, en cherchant le royaume de Dieu, a trouvé le reste par surcroît !

Honneur à cet homme d'intelligence, à cet homme de cœur, à cet homme de caractère, qui dans les bons et dans les mauvais jours n'a jamais désespéré, ni des Œuvres, ni de la Patrie, ni de la Religion et qui, avec cette noble indépendance qui évite également la flatterie et la bravade, avec cette rude franchise qui sait parler et se taire à propos, avec cette vue supérieure des hommes et des choses qui ne s'arrête jamais à de mesquines et étroites considérations, a passé parmi nous en faisant le bien, respecté de tous, même de ceux qu'il fut parfois obligé de combattre, admiré de ceux qui ont été à même de connaître ses précieuses qualités, aimé de ceux qui ont eu le bonheur d'être admis dans son intimité et de découvrir, sous des apparences quelquefois sévères, les trésors d'un cœur excellent!

Honneur à ce vétéran des Œuvres, qui restera longtemps parmi nous un modèle incomparable! Puissions-nous l'imiter dans son zèle, dans son activité, dans son dévouement, dans son travail, et continuer, en nous réunissant sous la conduite et la direction de nos chefs vénérés, notre Evêque ardent et courageux, notre Souverain-Pontife si sage et si ferme, les œuvres fécondes établies et soutenues par celui que nous accompagnons aujourd'hui de nos regrets respectueux, de notre profonde douleur, et que nous espérons, avec une pleine confiance, retrouver un jour comblé des honneurs et de la gloire que Dieu réserve à ceux qui, sur la terre, lui ont consacré leurs talents et leur vie entière!

L'abbé P. MARTON.

EXTRAIT

DU

JOURNAL DE LA MEURTHE ET DES VOSGES

———

NICOLAS VAGNER

Nous avons appris hier par l'*Espérance* le dénouement fatal que ne laissait point pressentir une amélioration dans l'état de santé de M. Vagner.

Dieu vient de rappeler à lui notre vénéré confrère, mort pieusement, après une vie de luttes méritantes, partagées entre l'affirmation constante de sa foi catholique et le dévouement aux œuvres charitables, dont il a été pendant un demi-siècle dans notre ville l'ardent et infatigable champion.

Il ne nous appartient pas de retracer avec toute l'étendue que comporte une pareille tâche, la vie si longuement et si noblement remplie de Vagner. Les souvenirs qui s'attachent à son nom demeureront bénis à Nancy des pauvres, des enfants, des maîtres et des élèves chrétiens, de tous les cœurs attachés aux institutions religieuses du diocèse. Son éloge et le résumé historique de ses travaux sont réservés au journal dont il a été le soutien et où, à ses côtés, une plume respectée et toujours vaillante après quarante années de collaboration assidue, peut mieux qu'aucune autre mesurer exactement la grandeur de la place qu'il a occupée dans la presse catholique française, l'autorité de son influence auprès des évêques et même de la cour romaine, la valeur et l'étendue des éminents services qu'il a rendus à la cause de la foi et des libertés catholiques.

Nous voulons nous incliner simplement avec une émotion respectueuse devant la douleur de Mme Vagner et de ses enfants, fortifiés par la résignation chrétienne contre les poignantes épreuves de cette séparation, mais cruellement éprouvés, pendant de longues semaines par les angoisses d'une douloureuse agonie ; nous voulons nous associer au deuil profond et sincère de toutes les mères, de tous les enfants, des familles ouvrières, des congrégations enseignantes, dont M. Vagner est resté jusqu'à sa dernière heure le bienfaiteur et le patron ; nous voulons constater le mouvement de regrets unanimes dont tous les prêtres du diocèse de Nancy honorent son cercueil : digne couronnement d'une vie irréprochable pour un écrivain laïque dont la fermeté de conscience, le courage et la prudence religieuse ont pu, dans les temps d'incertitude et d'hésitation, servir quelquefois de guide au clergé lui-même, et montrer à tous, par une indication sûre et précise, les lumières de la vérité et les obligations du devoir.

Quel nom à Nancy restera plus populaire que le sien, dans l'histoire de nos institutions charitables ? Avec lui, disparaît une figure éminemment originale et sympathique ; un écrivain à l'allure vive et spirituelle ; un orateur aimé dont l'éloquence paternelle et familière atteignait avec précision les auditoires spéciaux auxquels il s'adressait ; une âme convaincue, entraînée et entraînante ; un chef d'action, bien conforme au tempérament et à l'esprit de toute la génération des catholiques nancéiens qui n'a cessé de l'assister dans ses généreuses initiatives.

Né à Nancy en 1811, rue de la Primatiale, d'une famille de commerçants modestes, Vagner avait acquis, par la vertu de son enfance laborieuse, la puissance de travail et l'assiduité infatigable qui lui ont permis jusqu'à l'heure suprême de distraire par le labeur opiniâtre de la charité, les tortures de ses dernières souffrances. La révolution de 1830, en l'expulsant du grand séminaire, avait traversé ses intentions d'entrer dans l'état ecclésiastique. Il alla parfaire ses études d'abord au collège royal de Nancy, où il obtint ses grades universitaires, puis en Allemagne, à Leipzig, où il se perfectionna dans l'étude de la langue allemande. Revenu comme professeur d'allemand au collège de Nancy, il contractait pendant cette première période de sa vie l'union à laquelle Dieu devait accorder l'heureuse faveur de six enfants, quatre fils et deux filles. C'est pendant ces débuts dans l'enseignement qu'il essaya ses forces dans la presse locale, en même temps qu'il ajoutait à ses premières fonctions celles de professeur de langue allemande à l'Ecole forestière.

Bien qu'il n'eût pas suivi l'*Avenir* dans certaines exagérations qui devaient attirer au journal de M. de Lamennais les censures de Rome, le *Courrier lorrain*, — dirigé surtout par M. l'abbé Mirguet et par M. Boiselle, auquel M. Guerrier de Dumast apporta sa brillante collaboration et où, de son côté, Vagner commença à écrire à l'époque où fut restaurée la Chartreuse de Bosserville, — le *Courrier lorrain*, disons-nous, crut faire acte de soumission religieuse en disparaissant au lendemain de l'Encyclique de Grégoire XVI. C'est seulement à la fin de 1840 que, pour lui succéder, l'*Espérance* fut fondée. Elle le fut, à son origine, par MM. de Landrian, Jules Gouy et Foblant, auxquels s'adjoignirent ou succédèrent bientôt, comme collaborateurs et comme gérants, MM. de Myon et Vagner. Plus tard aussi, le journal obtint le concours de plusieurs de nos concitoyens, parmi lesquels il nous suffira de nommer le poète Désiré Carrière, l'historien Auguste Digot, ainsi que MM. Bonnaire, avocat, de Saint-Beaussant, Gény, Marcien de l'Espée, Ed. de Vienne et, au premier rang, bien que par ordre de date il figure ici au dernier, Alexandre de Metz-Noblat qui, par son active et précieuse collaboration, fit vite oublier qu'il était venu tard, à la suite de lointains voyages en Italie et en Orient.

C'était le beau temps, celui où personne ne s'étonnait qu'on pût être libéral en politique tout en étant catholique en religion ; que les évêques s'appuyassent sur la Charte de 1830 pour défendre les droits de l'Eglise ; que, croyants de toute religion, libres-penseurs de toute école, se missent d'accord pour revendiquer, en faveur de tout le monde, cette liberté de l'enseignement que l'étroitesse du monopole universitaire n'accordait alors à personne. C'était aussi le temps où ceux qui, étant catholiques, et regrettant que d'autres ne le fussent pas, laissaient volontiers à Dieu le soin de juger les hommes et trouvaient naturel que M. de Montalembert, « le fils des croisés », si douloureusement impressionné qu'il pût être d'entendre un de ses collègues déclarer, en pleine Chambre des pairs, qu'il n'était « ni catholique ni chrétien », reconnût cependant que, aux termes de la Constitution, M. d'Alton-Shée avait le droit de se proclamer tel. Depuis lors, on a fait du chemin. Ce que l'on conteste maintenant, dans les Chambres françaises et ailleurs, c'est au père de famille, à ceux qui sont catholiques et chrétiens, non pas la faveur, mais le droit d'avoir, proportionnellement à leur nombre et eu égard aux contributions qu'ils paient, des écoles que l'Etat subventionne et où le christianisme soit enseigné à leurs enfants, comme ils y tiennent.

Quoi qu'il en soit, dans les années qui suivirent 1840, le courant des idées était autre que celui qui, de nos jours, emporte tout, le respect du droit, l'équité, le bon sens et le gouvernement lui-même. La liberté, et, pour nous servir de la formule d'alors, « la liberté comme en Belgique », c'est-à-dire, non pas la liberté illimitée, qui, si elle existait, ne serait autre que la licence, mais la liberté réglée, égale pour tous, dans le droit commun, tel était à cette époque le programme de nombreux journaux, les uns catholiques, d'autres libéraux ; c'était, en ce temps-là, le programme de l'*Univers* lui-même ; c'était celui de l'*Espérance*, et elle le garda lorsque Vagner en prit la gérance, donnant pour cela sa démission de professeur de langue allemande au collège de Nancy. Ce fut, croyons-nous, en 1844.

Au commencement de l'année 1845, sur la plainte de M. Arnault, alors préfet de la Meurthe, qui crut, — et crut à tort, — qu'en insérant la lettre d'un de ses correspondants se plaignant d'un retard apporté au paiement de mandats ecclésiastiques, le journal avait voulu l'accuser de « spéculer » personnellement sur ce retard, l'*Espérance* fut condamnée à 200 francs d'amende. C'en fut assez pour que, sans attendre aucune observation, Vagner pensât qu'il était de sa dignité de donner sa démission de professeur à l'Ecole forestière. Ayant ainsi perdu successivement ses deux places, il chercha à garder son indépendance, en faisant l'acquisition d'une imprimerie qui devint celle de l'*Espérance* et à laquelle il annexa plus tard une librairie dont son fils aîné a pris, depuis plusieurs années, la direction. Les deux autres fils qui lui survivent, prêtres tous deux du diocère de Nancy, continuent son apostolat.

Le journal allant pour un temps devenir quotidien et devant, l'année suivante, perdre un de ses collaborateurs principaux, appelé comme représentant à l'Assemblée législative, l'année 1848 vit les débuts d'un rédacteur nouveau, M. Kaeuffer, qui, depuis lors, est resté fidèlement associé, pendant les bons et les mauvais jours, aux destinées du journal qu'il conduit en ligne droite et qu'il anime de

sa polémique à la fois sobre et incisive. Champion vaillant autant
que travailleur modeste et infatigable, il s'est tiré à son honneur de
toutes les difficultés qu'il a eu à traverser, soit que, voulant garder
son indépendance, il fût astreint par l'ombrageuse surveillance du
gouvernement d'alors à garder aussi les réserves imposées à la presse
à la suite du coup d'Etat du 2 décembre, soit qu'il eût plus tard à
lever son drapeau en faveur du pouvoir temporel, soit enfin qu'à
l'approche du Concile œcuménique de 1870, il fût appelé à prendre
position en faveur de l'infaillibilité pontificale, entendue comme elle
doit l'être.

Mêlé à toutes les grandes polémiques de presse concernant les
intérêts catholiques, très lu à Rome, où il s'était créé une situation
respectée, Vagner avait été honoré, par le Souverain Pontife, du
grade de chevalier de l'Ordre de Saint-Grégoire-le-Grand. Il fut plus
tard, pour ses éminents services, promu à la distinction de commandeur du même Ordre.

Pouvons-nous oublier de mentionner ici la preuve touchante d'attachement qu'il voulut donner à la papauté, le jour où il racheta du
service militaire son fils Charles, engagé volontaire en garnison à
Lunéville, pour le conduire lui-même aux pieds du Souverain Pontife et l'incorporer dans les zouaves pontificaux ? Dieu qui avait épargné la vie du jeune soldat dans les plaines de bataille de l'Italie, la
reprit en 1870, sur le champ de bataille de Loigny, où le vaillant
soldat, sous-officier des zouaves de Charette, succomba pour la défense de son pays.

Cette notice résume les traits principaux de la grande mission que
Vagner a remplie dans la presse catholique, sans approfondir — la
tâche serait plus longue et plus délicate, — celle qu'il s'imposa
chaque jour de sa vie pour conserver leur caractère propre et leur
indépendance aux quatre œuvres de charité religieuses dont il a été
l'âme : la Société de *Saint-François-Xavier*, celle de *Saint-François-
Régis*, celle de *Saint-Vincent-de-Paul* et celle des Frères des Ecoles
chrétiennes.

Ce qui s'oubliera certainement le moins, dans la vie toute consacrée à Dieu de Vagner, c'est le temps, l'activité de corps et d'esprit
qu'il a dépensés pour tenir à jour la correspondance et la caisse de
ces quatre sociétés de bienfaisance, qu'il savait mener de front, avec
un entrain charitable et une vaillance d'esprit qui est un trait dis-

tinctif de son caractère et de sa personne. C'est à elles, et à une foule d'actes de charité accessoires, qu'ont été employées les dernières années de sa vie. Tout en conservant à l'*Espérance* l'autorité que son titre de propriétaire lui donnait, Vagner, qui connaissait le savoir-faire de son méritant substitut, lui avait depuis longtemps abandonné la direction de son journal, pour se consacrer tout entier à ses œuvres. De celles-ci, il resta jusqu'à la fin le directeur toujours agissant, le conseil toujours écouté, sachant, quand il fallait le faire, cumuler les fonctions de président, de secrétaire, de trésorier, et s'acquittant également bien des unes et des autres Il ne fut pas seulement infatigable au travail, aux correspondances incessantes, aux démarches de toute nature, quand il s'agissait d'obliger, de faire le bien : il eut cette faculté précieuse, et bien rare chez les hommes de plume et d'action, de pouvoir successivement, presque en même temps, s'occuper de plusieurs choses et de les bien faire. Les quinze heures de ses journées ne suffisant pas toujours, celles de ses nuits ne furent point épargnées, tant que sa santé lui permit de les employer à rendre service. Les deux Sociétés de Saint-Vincent-de-Paul et de Saint-François-Régis ont, à elles seules, pendant plus de quarante ans, fourni à Vagner l'occasion de rédiger un ou plusieurs rapports annuels, dont il savait varier la forme et qu'avec une merveilleuse facilité de rédaction, partant moins de la tête que du cœur, il rendait toujours attrayants. On peut dire que sa vie entière a été consacrée sans relâche à venir moralement et matériellement en aide aux malheureux, tantôt à les visiter, tantôt à leur porter des conseils et du pain, tantôt à solliciter, à écrire, à régulariser des pièces, à obtenir l'impossible de chacun et de tous, à faire jaillir les élans de la générosité nancéienne, dont il connaissait tous les secrets ressorts et qui jouait forcément le rôle principal dans l'équilibre du budget de ses pauvres. C'est dans ce travail implacable pour ses forces, que la mort est venue lentement l'atteindre, scandant ses approches par des avertissements douloureux, aussi cruels pour lui-même que pour les siens. Il s'y était dès longuement préparé. Quand son corps luttait encore contre elle par un reste d'énergie, son cœur et son âme étaient depuis longtemps dans un monde meilleur ; et c'est fortifié par les consolations de son évêque, Mgr Turinaz, qu'il a appelé la délivrance dont Dieu l'a jugé digne, et obtenu la récompense de son admirable charité.

UN GRAND CHRÉTIEN

C'est de ce titre glorieux que, du haut de la chaire, dans la vaste cathédrale de Nancy, au milieu d'une assistance énorme, après un service d'une majestueuse beauté, Mgr Turinaz saluait l'homme éminent dont la dépouille reposait au pied des saints autels, tant de fois visités par lui.

J'ai eu l'honneur et la joie de le connaître, ce grand chrétien. Je l'ai vu à l'œuvre avec cette ardeur invincible qui l'anima jusqu'à la dernière heure. Je pourrais donc, moi aussi, essayer d'esquisser son portrait. Je ne le tenterai pas.

Monseigneur de Nancy, dans sa magnifique oraison funèbre, M. Kæuffer, le rédacteur en chef de l'*Espérance*, le collaborateur aussi distingué que modeste de M. Vagner, l'ont tracé, ce portrait; et ils l'ont tracé avec une telle vérité, une telle éloquence, que j'aurais mauvaise grâce à vouloir le refaire après eux.

Dans ces quelques lignes que je trace à la mémoire de l'homme qui a fondé l'Imprimerie dont notre *Lecture au Foyer* devient désormais la propriété, c'est Mgr Turinaz, c'est M. Kæuffer que je prends pour guides. Puissé-je n'être pas un interprète infidèle des éloges si bien mérités qu'ils ont donnés à l'homme de bien que Nancy, que la France et l'Eglise viennent de perdre !

Il ne s'agit pas, en effet, ici de l'une des renommées provinciales qui, tout honorables qu'elles sont, demeurent renfermées dans le cercle étroit où l'action de l'homme s'est exercée.

Oui, certes, comme le rappelait Mgr Turinaz, l'action salutaire de M. Vagner a été considérable à Nancy et en Lorraine; mais cette action s'est étendue à la France entière ; elle a eu, elle aura un retentissement universel, que Mgr Turinaz affirmait avec une émotion profonde.

En quelque lieu donc que résident mes lecteurs, cette biographie d'un Lorrain est de nature à les intéresser, parce que ce Lorrain a aimé ardemment le peuple, la France et l'Eglise.

Né à Nancy, le 4 février 1811, Nicolas Vagner montra, dès ses premières années, ce qu'il serait tout le temps de sa vie : un homme de foi, et par là même un homme d'action.

Le brillant élève du collége royal de Nancy était, en même temps, un vaillant chrétien. Tel il resta, quand il devint, pour un temps du reste assez court, professeur à ce même collége et à l'Ecole forestière.

Certes, l'heure présente est cruelle ! On peut dire que nous passons par une horrible période.

Avant l'heure du triomphe que tous attendent et espèrent pour l'Eglise, nous traversons une tempête affreuse.

Mais était-ce un bon temps que celui qui suivit 1830 ? Quelle indifférence ! quel respect humain ! Sept hommes parmi les lettrés faisaient *timidement* leurs Pâques dans Nancy ! Dernièrement, Mgr Turinage, à la fin de l'une de ses belles retraites quadragésimales, a donné le Pain des forts à douze cents hommes ! Qui est-ce qui avait ainsi préparé le terrain à la magnifique éloquence de l'évêque ? C'était M. Vagner, et le groupe fidèle et intrépide qui s'était formé autour de lui.

A l'heure où la Société de Saint-Vincent-de-Paul se fondait, M. Vagner, avec cette rare perspicacité qui le suivait partout, sentit tout ce qu'il y avait de grand et de fécond dans cette idée. Il apporta à la fondation nouvelle, l'un des tout premiers, le concours de son zèle infatigable et de ses lumières. Nul n'a contribué plus que lui, pas un peut-être autant, à développer cette société naissante, qui devait rendre à l'Eglise et à la société de si grands services. Aussi avec quel filial respect, avec quel amour le secrétaire général était-il accueilli dans les grandes réunions de cette Société, sa fille ! Quels excellents conseils il y donnait ! avec quel empressement ces conseils étaient suivis ! Non, a dit Mgr Turinaz, on ne saura jamais toute la vénération que ce vaillant chrétien obtenait dans tous les endroits où il passait. Les fronts les plus élevés s'inclinaient devant cet homme si grand par la foi, par la sagesse et par le cœur.

Une autre fondation à laquelle M. Vagner s'est dévoué, pour laquelle il n'a épargné ni son temps, ni sa vie, — car cet homme qui travaillait si facilement, travaillait jusqu'à seize heures par jour ! — c'est la Société de Saint-François-Régis. Unir par de légitimes mariages des gens que l'ignorance, que l'habitude retiennent dans une position déplorable, — faire d'eux des chrétiens, — et par là assurer à leurs enfants un nom dans le monde, devant Dieu une éducation religieuse, — tel est le but de cette Société, but sublime au point de vue chrétien, but éminemment utile, au point de vue social. Le nombre des unions catholiques que M. Vagner a fait contracter, au prix de mille fatigues, s'élève, — vous aurez peine à en croire vos yeux en le lisant, — *à douze mille*. Si celui qui a fait cela n'est pas un des insignes bienfaiteurs de l'humanité, qui donc le sera ? Aussi je comprends qu'en prononçant ce chiffre, Mgr Turinaz, malgré sa dignité de Prince de l'Eglise, malgré son grand nom, se soit incliné avec respect devant le cercueil qui contient les dépouilles de M. Vagner.

Cette affection toute chrétienne que M. Vagner montrait ici à l'ouvrier, il la lui a témoignée par bien d'autres œuvres : par celle des Patrons catholiques, par celle de la Société de Patronage, par celle des Ecoles chrétiennes. A Nancy, et, on peut le dire, dans la France entière, M. Vagner a été l'inspirateur, le guide éclairé, le chef de ceux qui se sont dévoués à ces œuvres de propagande religieuse et de préservation sociale. Il ne flattait pas l'ouvrier, il ne lui faisait pas de ces promesses funestes qui l'enflamment de convoitises dévorantes, convoitises malsaines, destinées à n'être jamais assouvies. Il aimait l'ouvrier, il l'estimait assez pour lui dire la vérité toujours, pour le rehausser dans sa propre estime, sans lui donner des désirs insensés ; bref, il lui enseignait l'économie, il volait au secours de tous ses besoins, il ouvrait devant lui le grand horizon de la Foi qui console et fait de l'homme du peuple un chrétien, c'est-à-dire un homme honnête et heureux.

Je m'en voudrais de ne pas dire un mot de deux autres de ses fondations, celles des journaux l'*Espérance* et l'*Ami du peuple*. Je laisse ici la parole à M. Kœuffer, l'homme qui peut le mieux nous parler de l'*Espérance*, car il y a, depuis de longues années, recueilli des mains de M. Vagner lui-même sa succession, et il s'y montre le disciple de tout point digne de succéder à un tel maître.

« La lutte, alors, pas plus qu'aujourd'hui, n'était circonscrite sur le terrain de la misère. Elle se poursuivait aussi sur le terrain des idées. L'impiété avait partout ses apôtres et ses journaux ; la Foi ne devait-elle pas avoir les siens partout ? et après avoir donné le pain matériel aux pauvres, n'était-il pas nécessaire de distribuer la vérité aux riches ? Il y a plusieurs manières de faire l'aumône ! L'association charitable avait la mission d'assister et de consoler ; l'association intellectuelle aurait la mission de protéger et de lutter. La Société *Foi et Lumières* existait bien depuis 1837, et Vagner avait contribué à sa création avec son entrain habituel ; mais c'était une Académie, et il fallait un journal. L'*Espérance* fut fondée, et son premier numéro parut le 24 décembre 1840, avec MM. de Landrian, de Foblant et Gouy pour gérants.

« Vagner qui, déjà, figurait parmi les rédacteurs, devint gérant, à son tour, en 1844, avec M. de Myon : et c'est en 1885 seulement, contraint par la maladie, qu'il résigna ses fonctions. »

A mon grand regret, je dois abréger. Lorsque le champ de l'éloge est trop vaste, il faut, bon gré mal gré, se restreindre. Quelques mots seulement sur le caractère de l'homme. Autant que ma mémoire me sert, j'emprunte ces quelques mots à l'oraison funèbre prononcée par Mgr Turinaz.

D'où venait cette force que l'on admire chez M. Vagner ? Qu'est-ce donc qui a si merveilleusement fait fructifier ses incessants labeurs ? C'était sa Foi d'abord, cette Foi qui n'a jamais mieux paru qu'au moment où il s'est uni à Lacordaire, ce foyer d'où est partie l'étincelle qui a rallumé la Religion et la piété dans le cœur de tant de millions d'hommes. Avec l'illustre Dominicain, il a, dans une mesure que Dieu seul connait et qu'Il récompense, ramené notre pays aux pieds de Jésus et de sa divine Mère. A la Foi, Vagner joignait l'amour de Dieu, l'amour des hommes. Qui que l'on fût, on n'abordait qu'avec respect ce chrétien à l'œil intelligent et énergique. Sa parole nette, spirituelle, convaincue, vous charmait. On se sentait en face d'une personnalité puissante : il y avait de l'orateur, du grand orateur dans cet homme.

M. Vagner avait bien d'autres vertus encore : après Dieu, ce qu'il aimait le plus en ce monde, c'était l'Eglise : il lui donna tout, son temps, sa vaste intelligence, sa vie, et, — chose sublime de la part d'un père aussi tendre, — il lui donna l'un de ses fils, qui mourut bravement sous le drapeau du Sacré-Cœur et de Pie IX. Cet amour de l'Eglise, Vagner l'étendait à tous ses ministres. Quelque haut placé qu'il fût dans l'opinion publique, lui, le fondateur de tant d'œuvres, le Commandeur de Saint-Grégoire-le-Grand, il avait pour son Evêque une obéissance tout humble et filiale.

Après Dieu, après l'Eglise, la grande affection de Vagner, c'était sa patrie ! Ah ! comme elle serait vite régénérée, cette France de Vagner, si beaucoup de ses fils se dévouaient à son salut avec l'ardeur, la générosité qu'il mettait à son service !

Tel est, en somme, l'écho, bien affaibli, des éloges que Mgr Turinaz accordait à son collaborateur.

Je conclus, et d'un mot. M. Vagner n'avait pas lu en vain cette parole sublime de David à son fils : *Sois un homme !* Il fut un *homme* dans toute la force et la beauté de ce terme, un homme tout cœur pour son Dieu, tout cœur pour ses frères.

Aussi tant d'honneurs dont on entoure sa mémoire ici-bas sont-ils peu de chose, en comparaison de ceux que Dieu lui accorde Là-Haut.

Charles Dubois.

EXTRAIT DU BULLETIN

DE LA

SOCIÉTÉ GÉNÉRALE D'ÉDUCATION ET D'ENSEIGNEMENT

La *Société général· d'Education et d'Enseignement* vient de faire deux pertes bien douloureuses dans les personnes de MM. *Nicolas Vagner* et *Joseph Petit*, ses généreux correspondants de Nancy et de Troyes.

M. Vagner, commandeur de Saint-Grégoire-le-Grand, ancien rédacteur-gérant de l'*Espérance*, président des sociétés de Saint-François-Xavier, de Patronage, des Patrons catholiques et de la *Commission des Ecoles chrétiennes*, ainsi que du *Comité de défense des libertés religieuses* de Meurthe-et-Moselle, secrétaire-général et fondateur des sociétés de Saint-Vincent-de-Paul et de Saint-François-Régis, fut le véritable chef, le guide autorisé de l'admirable mouvement religieux et charitable qui, depuis 1832, a fait à Nancy les plus consolants progrès. Le patronage, les écoles chrétiennes, furent ses œuvres de prédilection, celles auxquelles il apportait, avec l'entrainement irrésistible qui le distinguait, les plus heureux dons d'intelligence dévouée, d'intrépidité ferme et expérimentée. Vétéran des œuvres, — il est mort à 76 ans — valant à lui seul une légion, il était l'âme, l'inspirateur de toutes les associations pieuses de la très charitable Lorraine, il avait le génie de leur organisation. La Providence s'était plu à récompenser, dès ce monde, des talents exclusivement consacrés à l'extension du royaume de Dieu : un fils de M. Vagner, zouave pontifical, est tombé glorieusement pour la France, sur le champ de bataille de Loigny ; deux prêtres continuent, dans l'église de Nancy, les traditions de dévouement et de charité de leur bien-aimé père. — La *Société d'Education* eût fait une irréparable perte dans la personne de ce correspondant d'élite, s'il n'était continué, dans les œuvres catholiques, par un autre fils que nous prions de vouloir bien se faire l'interprète de notre admiration pour le très regretté chef d'une famille aussi profondément, aussi simplement chrétienne.

EXTRAIT

DE

LA VOIX DE NOTRE-DAME DE CHARTRES

M. Nicolas Vagner. — Nous nous associons aux douloureuses sympathies exprimées par la presse catholique à l'occasion de la mort de M. Vagner, décédé le 14 avril. Ce fervent chrétien de Nancy, commandeur de Saint-Grégoire-le Grand, ancien rédacteur-gérant de l'*Espérance*, était le président de la plupart des œuvres catholiques de Nancy. Il a contribué pour une grande part au mouvement religieux de notre époque ; on le remarquait toujours parmi les membres les plus actifs des Congrès d'œuvres ouvrières. C'est dans une circonstance de ce genre que nous l'avons vu devant N.-D. de Chartres, en 1878. Il était déjà venu près d'elle en 1871, lors du premier anniversaire de la bataille de Loigny. Un de ses fils mourut parmi les héros de ce champ d'honneur, en 1870. Le père venait prier au service funèbre organisé pour les Volontaires de l'Ouest. C'est lui qui demanda que le monument funèbre à ériger pour les soldats martyrs fût l'église même du village. Son idée fut adoptée et nous avons maintenant l'église du Sacré-Cœur de Loigny.

LES OBSÈQUES DE M. VAGNER

Cette funèbre cérémonie a été une éclatante manifestation de sympathie, de gratitude et de regrets. Dans l'assistance, exceptionnelle par le nombre, et dans laquelle figuraient, avec MM. les grands-vicaires, tous les curés de Nancy, et beaucoup de prêtres du dehors, tous les rangs et toutes les conditions étaient confondus, les riches et les pauvres, ceux qui ont aidé le défunt dans ses œuvres, et ceux qui ont été l'objet de sa constante sollicitude. La levée du corps a été faite par M. le curé de la Cathédrale. Les cordons du poêle étaient tenus : par M. le docteur Didion, représentant les Conférences de Saint-Vincent de-Paul, à la place de M. le comte de Lambel, empêché ; M. Fliche, vice-président de la Société de Saint-François-Xavier ; M. Adrien, vice-président de la Société des Patrons catholiques ; M. Pierre de Mont, trésorier de l'Œuvre des Ecoles chrétiennes ; M. de Foblant, un vieil ami de la famille, et M. Kaeuffer, rédacteur de l'*Espérance*.

A côté des bannières des Confréries dont M. Vagner était Secrétaire, figuraient les bannières des Patrons catholiques et de la Société de Saint-François-Xavier.

L'une et l'autre association s'étaient fait un devoir d'envoyer une nombreuse députation. Les ouvriers, surtout, ont voulu témoigner leur reconnaissance à l'homme qui s'est si longtemps, et avec un si grand dévouement, consacré à leurs intérêts spirituels et temporels.

On a remarqué aussi une députation, avec insignes, de la Société de secours mutuels d'Alsace-Lorraine, qui a accompagné le corps jusqu'au cimetière.

Les conférences de Saint-Vincent-de-Paul ne pouvaient manquer d'être au complet. Ne rendait-on pas les derniers devoirs au confrère qui a le plus longtemps et le plus efficacement coopéré à cette œuvre charitable ? Des délégués étaient venus de Saint-Dié, Saint-Nicolas, Bar, Ancemont, etc., etc.

Par suite des travaux qui s'exécutent dans la rue du Manège, le convoi a dû suivre les rues de la Primatiale et Montesquieu.

Le cortége était ouvert par les enfants des Ecoles chrétiennes. Les Sœurs de Saint-Charles avaient, de leur côté, amené une députation de l'Ecole de la rue de l'Equitation, à la fondation de laquelle M. Vagner s'était beaucoup intéressé.

A côté du corbillard, marchaient les jeunes filles du Patronage de la Société de Saint-François-Xavier, et immédiatement après le cercueil figuraient les splendides et nombreuses couronnes offertes : par les *ouvriers de la Maison à leur ancien patron ;* par la *Conférence de la Cathédrale à son Président ;* par le *Patronage des jeunes filles* et le *Patronage des jeunes garçons à leur Président ;* etc., etc.

Puis, avec la famille, suivait la foule des invités, qui eût été plus considérable encore si le clergé de la campagne ne s'était pas vu retenu chez lui, en ce temps pascal, par l'exercice de son ministère ; mais il était présent de cœur, comme étaient présents les nombreux amis que M. Vagner comptait dans toutes les parties de la France, et leurs prières se sont unies à nos prières. Parmi les personnes venues du dehors, on a remarqué plusieurs habitants de Mazerulles et de Brin, et la paroisse de Tomblaine, représentée par une partie notable de la population.

De la maison à l'église, le convoi a passé entre deux haies vivantes, où la sympathie était plus grande que la curiosité.

Beaucoup de personnes s'étaient empressées de gagner la Cathédrale avant le cortége ; aussi les derniers venus ont-ils trouvé difficilement à se placer.

Mais, dans l'ensemble, régnait le recueillement, l'émotion et la tristesse. On voyait que chaque assistant sentait la perte qu'on venait de faire, d'un ami, d'un modèle, d'un grand homme de bien.

La messe a été chantée par M. l'abbé Didierjean, qui a voulu conduire lui-même, après le service, à sa dernière demeure, le fervent paroissien qu'il ne lui a pas été donné de connaître longtemps.

L'offrande s'est prolongée, avec les hommes, jusque vers la fin de l'office, et c'est à peine si une cinquantaine de dames ont pu y prendre part.

Monseigneur qui assistait à la messe, au fond du chœur, a ensuite
paru en chaire, et a laissé parler son cœur pendant plus d'une demi-
heure.

Le temps nous manque pour donner, avec quelque détail, le résumé
de cette émouvante allocution, dont la famille, les amis et le public
verraient si volontiers la publication intégrale.

C'était pour lui, a dit Monseigneur, un devoir de payer à
M. Vagner un tribut de reconnaissance, et bien plus, « un tribut de
vénération et d'admiration. » Et à l'appui de ce devoir, Sa Grandeur
a éloquemment rappelé ce que le cher défunt a fait pour la religion,
pour les pauvres, pendant cinquante-cinq ans de sa vie, — le mon-
trant, luttant déjà, comme écolier, pour la foi, et consacrant sa vie
entière à toutes les nobles causes.

Société de Saint-Vincent de Paul, Société de Saint-Régis, fondation d'un journal catholique, Ecoles chrétiennes, Société des Patrons
catholiques, Société de Saint-François-Xavier, etc., toutes ces Œuvres auxquelles M. Vagner a pris une si large, presque toujours la
plus large part, ont fourni à Monseigneur l'occasion de montrer quel
homme incomparable la Lorraine a possédé et quelle perte irréparable nous avons faite.

Mais à quelle source M. Vagner a-t-il puisé ses nobles, ses saintes
inspirations, et la force de consacrer une longue vie tout entière au
service de Dieu et des pauvres ?

Dans sa foi, une foi vive, qui n'a pas vacillé un seul instant ; dans
son amour pour l'Eglise, dont il a donné des preuves si nombreuses ; et dans sa charité, dont la pratique a été, pour ainsi dire, l'occupation dominante de ses années si bien remplies.

Il ne s'est pas borné à croire, il a fait rayonner la foi autour de
lui ; et c'est lui, en grande partie, c'est son exemple, c'est son action
et son influence qui ont fait reculer le respect humain. Il ne s'est
pas borné à aimer les pauvres et les ouvriers ; il les a fait aimer et
assister, toujours au premier rang, qu'il s'agit de se dévouer, ou qu'il
s'agît de donner.

Pour l'Eglise aussi et ses évêques, son attachement a été profond,
incessant, inaltérable ; et ce grand chrétien n'a jamais séparé, dans
son affection, l'Eglise et la France.

La souffrance a mis le dernier sceau à une existence si féconde en
bien, — souffrance parfois atroce, mais chrétiennement acceptée.

Et maintenant le combat est fini, la course est consommée, la victoire est acquise et, avec la victoire, la couronne promise aux fidèles et vaillants lutteurs.

Par un dernier témoignage d'affection, Monseigneur a fait l'absoute, au milieu de la vive émotion des assistants.

Il était midi quand le convoi s'est acheminé vers le cimetière, où, les dernières prières dites, le cercueil a été déposé dans un caveau d'attente, jusqu'au jour prochain où une chapelle sera élevée dans la sépulture de la famille.

Aucun discours n'a été prononcé. Après Mgr l'Evêque, nulle voix ne devait plus se faire entendre. Au moment du suprême adieu, les regrets et les larmes ne parlaient-ils pas assez haut ? et plus haut encore parlait le souvenir des Œuvres que le vénérable défunt a accomplies.

C'est ce souvenir qui est, après la chrétienne confiance en la divine miséricorde, pour la famille, la suprême consolation dans cette grande épreuve ; c'est ce souvenir qui sera, pour les amis et compagnons d'armes de M. Vagner, un encouragement à suivre ses traces et à imiter le fortifiant exemple qu'il leur a laissé.

PAROLES

PRONONCÉES AUX FUNÉRAILLES

DE

MONSIEUR NICOLAS VAGNER

PAR

MONSEIGNEUR TURINAZ

Évêque de Nancy et de Toul

Dans la Cathédrale de Nancy, le 17 avril 1886.

MES TRÈS CHERS FRÈRES (1),

Je trahirais les sentiments de mon cœur, je trahirais les sentiments qui sont ici dans tous les cœurs, les désirs et les espérances de cette grande assemblée, si je ne faisais entendre, dans cette cérémonie funèbre, l'expression de ma profonde douleur et de mon éternelle reconnaissance. Reconnaissance ! Ce n'est pas assez dire : j'apporte ici, sur la tombe de ce grand chrétien, le témoignage de ma vénération et de mon admiration. Ah ! comme il nous manque, en ce moment ! A quelle heure Dieu nous le prend-il ! A l'heure des luttes décisives. Cette foule immense et recueillie, ce clergé si nombreux qui se presse dans le sanctuaire, l'émotion et la douleur qui apparaissent sur tous les fronts, tout nous dit que nous avons perdu un chef vaillant d'Israël.

Je viens donc accomplir un devoir que m'imposent mon cœur et ma charge épiscopale ; je viens recueillir avec vous, dans le spectacle de cette noble vie, de hautes et incomparables leçons. Ce devoir

---

(1) NOTA : Ces paroles ont été recueillies par la sténographie.

m'est imposé par l'Esprit-Saint lui-même : « Célébrons, nous dit-il, les louanges des hommes qui furent vraiment glorieux, *Laudemus viros gloriosos,* les louanges de ces hommes qui, par leurs vertus et par leurs œuvres, sont nos pères et nos guides dans la foi, *et parentes nostros in generatione sua :* ils ont été puissants par une influence salutaire et sainte, *dominantes in potestatibus suis.* » Ecoutez encore : « Ce sont des hommes de miséricorde, les instruments et les apôtres de la charité divine; et c'est pourquoi les œuvres de leur zèle et de leur piété ne peuvent périr, *Illi viri misericordiæ sunt quorum pietates non defuerunt.* Leurs corps sont ensevelis dans la paix, *Corpora ipsorum in pace sepulta sunt.* » N'est-ce pas la paix qui plane, avec la certitude des récompenses éternelles, sur cette assemblée et sur cette tombe ? C'est dans la paix que s'est endormi ce vaillant soldat de Dieu. Nous l'avons visité sur son lit de repos : les traces de ses longues et cruelles douleurs avaient disparu, et sur son visage apparaissait le reflet de la paix et des clartés d'en-haut. « Son nom sera redit de génération en génération, *Et nomen eorum vivit in generationem et generationem.* » Ah ! oui, tant que la foi subsistera sur cette terre de Lorraine, tant que les nobles et saintes causes auront des défenseurs et des apôtres, le souvenir de ce grand chrétien restera et les générations le rediront aux générations futures, le peuple rappellera sa sagesse ; *Sapientiam ipsorum narrent populi,* dit le texte sacré. Et voilà que ces témoignages jaillissent, à cette heure, dans cette ville entière, de toutes les lèvres et de tous les cœurs. Et moi, représentant de Dieu, ministre de son Eglise, je viens payer, sur cette tombe, la dette sacrée de la reconnaissance et de l'admiration, au nom de cette ville et de la Lorraine, et, j'ose le dire, au nom de la France catholique et de l'Eglise de Dieu, *Et laudem eorum nuntiet Ecclesia* (1).

N'attendez pas de moi, Messieurs, un éloge funèbre, dans les formes ordinaires ; mes fatigues incessantes et (pourquoi ne le dirais-je pas ?) ma douleur ne me le permettraient pas. Je veux vous rappeler, en quelques paroles, ce que ce chrétien a fait, quelles ont été ses œuvres et quel a été le principe, quelle a été l'inspiration de sa vie, de ses grands travaux et de ses victorieux combats.

(1) Eccli. XLIV, 15.

I

Dès son enfance, ce grand chrétien manifesta sa foi vive et ardente, et la trempe virile de son caractère.

Fils d'un tonnelier, le jeune Vagner s'imposait de dures privations et consacrait à acheter des livres l'argent qui lui était donné pour sa nourriture. Comme son illustre compatriote Drouot, il travaillait, à la dérobée, pendant les nuits, s'efforçant de dissimuler la lumière d'une lampe qui l'éclairait à peine.

Plus tard, au collège de Nancy, à une époque où régnaient l'impiété et le blasphème, le jeune élève domine le respect humain, il se montre franchement chrétien ; il s'impose à ses condisciples par son intelligence, par ses succès, par l'énergie de ses convictions, par la force indomptable de son âme. Le chef vaillant des combats à venir se manifestait dans ce jeune homme de 18 ans.

M. Vagner entra dans l'enseignement officiel, mais partout et toujours il se montra fidèle à ses croyances.

Quand s'ouvrit la lutte pour la liberté de l'enseignement, il y prit une grande part. Dans un de ses nombreux et intéressants rapports que je relisais avec émotion hier, il nous apprend que les conférences de Saint-Vincent-de-Paul de Nancy, et les rédacteurs du journal l'*Espérance*, auxquels Mgr Parisis, alors évêque de Langres, avait adressé une première brochure sur la liberté de l'enseignement, avaient engagé le Prélat à la publier chez un des grands éditeurs de Paris : « L'ouvrage, dit M. Vagner, fut publié, aux applaudissements de la France. Ainsi encouragé, Mgr Parisis ne déposa plus la plume, et resta à la tête des plus courageux et des plus intelligents combattants, jusqu'à ce que la liberté de l'enseignement fut conquise. Petite cause d'un grand effet, ce fut donc la conférence de Nancy qui révéla le grand Prélat à lui-même et à la France. »

Quelques années plus tard, M. Vagner s'unit à quelques généreux chrétiens dont je voudrais ici rappeler le souvenir, pour acheter la Chartreuse de Bosserville à laquelle étaient attachés de pieux et patriotiques souvenirs, et d'où l'orage révolutionnaire avait chassé les fils de saint Bruno. Grâce à leur initiative, à leurs démarches, à la générosité des catholiques de Nancy, les Chartreux furent ramenés dans ce magnifique monument de la munificence des ducs de Lorraine.

Parmi ces chrétiens, et au premier rang, était M. Guerrier de Dumast. Laissez-moi saluer, du haut de cette chaire et dans cette grande assemblée, sa mémoire vénérée. Je n'étais pas à Nancy quand la mort nous a ravi ce représentant de la foi, de la science et du plus ardent patriotisme lorrain. Je n'ai pu qu'adresser de loin à sa famille le témoignage de mes regrets et de mes respectueuses sympathies. Mais ma première visite à Nancy avait été pour M. Guerrier de Dumast, alors atteint par une maladie à laquelle sa forte constitution résista contre tout espoir. Je lui devais cet hommage.

Depuis lors, j'ai souvent contemplé, avec une édification profonde la résignation chrétienne, la sérénité admirable du pieux et noble vieillard, au milieu de cruelles épreuves. J'ai vu ces yeux fermés à la lumière de cette terre, tandis que l'âme était ouverte aux splendeurs d'en-haut. J'ai entendu ces accents inspirés toujours par un triple amour, dans un intarissable enthousiasme, l'amour de Dieu, l'amour de la Lorraine et l'amour de la science. Causeur séduisant, littérateur distingué, savant ayant touché avec succès à toutes les branches de la science, intelligence de premier ordre, cœur généreux, tel nous est apparu, jusqu'à sa dernière heure, ce vénérable patriarche. C'est pour moi une consolation de rappeler aujourd'hui son souvenir sur la tombe de son ami et de saluer, unis dans la paix et dans la gloire de la récompense, comme ils l'ont été dans les labeurs et les luttes d'ici-bas, ces grands Lorrains et ces grands chrétiens.

M. Vagner fonda deux journaux, l'*Espérance* et l'*Ami du Peuple*. Avec le concours de vaillants collaborateurs dont quelques-uns m'entourent ici, il a fait cette œuvre de foi et de combat. Je dirai bientôt comment il l'a maintenue dans les droits sentiers, malgré les obstacles et les orages.

Comment ne pas vous parler des œuvres catholiques auxquelles M. Vagner a consacré sa vie ? Je ne pourrai que les énumérer rapidement ; car il était président ou secrétaire de dix-sept œuvres ou associations, donnant à toutes l'impulsion de sa prodigieuse activité. Si une des œuvres de cette ville était en péril ou ne marchait plus qu'avec peine, la ressource infaillible était de la confier à cet esprit si pratique, à ce zèle infatigable, et bientôt elle avait repris l'essor des premiers jours.

Je nommerai, avant toutes, la Société de Saint-Vincent-de-Paul, parce qu'elle fut la première par le temps, et qu'elle est devenue le foyer d'où toutes les autres sont nées. Elle groupa des chrétiens qui se connaissaient à peine ; elle alluma dans leurs cœurs la flamme de la charité ; elle triompha du respect humain qui, alors, dominait en maître. La première réunion des conférences de Saint-Vincent-de-Paul eut lieu à Nancy, le 25 janvier 1838. M. Vagner fut, dès le principe, un des membres les plus actifs de cette admirable Société, et il lui donna, jusqu'à son dernier jour, son cœur et ses forces.

Je n'oublie pas le zèle, le dévouement, la générosité du Président de toutes les Conférences lorraines, je lui ai rendu bien des fois un public hommage ; mais je dois louer ici M. Vagner, l'infatigable secrétaire de ces conférences, l'homme des initiatives hardies et du courage indomptable : « Nous étions douze, en 1838, pour fonder cette œuvre de Saint-Vincent-de-Paul, a dit M. Vagner, dans un de ses derniers rapports ; et à cette heure, dans la seule ville de Nancy, nous avons douze conférences, qui multiplient parmi nous les actes de la charité chrétienne. Et malgré l'orage que les Conférences de Saint-Vincent-de-Paul eurent à subir sous l'Empire, et malgré l'annexion à l'Allemagne de deux arrondissements que les malheurs de la guerre nous ont enlevés, et qui comptaient plusieurs conférences, le Conseil central de Nancy réunit encore 57 conférences. »

Depuis sa fondation, la Société de Saint-Vincent-de-Paul, a répandu, en aumônes officielles, plus de trois millions sur cette terre de Lorraine ! Je dis : aumônes officielles, c'est-à-dire, inscrites dans les registres de l'Œuvre. Je ne parle pas de tant de secours distribués en secret par la charité de ses membres, de tant de bons conseils, de tant de paroles d'encouragement venues de cœurs vraiment dévoués, de tant de salutaires exemples plus puissants, dans leur modestie et leur persévérance, que les séductions de la plus haute éloquence. Oh ! oui, de toute mon âme, je paye ici la dette de ma vive gratitude aux Conférences de Saint-Vincent-de-Paul de la Lorraine, et à leurs pieux fondateurs (1).

Une des Œuvres que M. Vagner a le plus aimées, est l'Œuvre des ouvriers placés sous le patronage de saint François-Xavier. Comme il aimait les ouvriers ! il leur ouvrait son cœur et sa bourse ; il les aimait, non en paroles, non pour les flatter et pour les exploiter, mais pour les servir et les rendre meilleurs. Comme il leur prodiguait les conseils de son expérience ! Comme il s'est multiplié jusqu'à la dernière heure pour cette Œuvre ! Exhortations pressantes, secours abondants, caisse de retraite pour les malades et les infirmes, visites aux malades, patronage de jeunes gens, de jeunes filles : il a tout inspiré et dirigé. Il a été le soutien et la vraie puissance de cette Société.

Que dirai-je de l'Œuvre de Saint-François-Régis ? C'est lui qui l'a établie dans cette ville, pour réhabiliter les mariages contractés en dehors des lois chrétiennes. Les infortunés liés par une union déplorable ne savent souvent comment sortir de leur situation : il faut accomplir des formalités, multiplier les démarches, et parfois s'imposer quelques dépenses.

Cette grande misère morale toucha le cœur de M. Vagner. Dès le premier jour, il fut l'âme et la vie de cette Œuvre. Personne ne me contredira, parmi ceux qui m'entendent ; il se chargeait à lui seul de tout le travail ; correspondance, démarches, entrevues avec les solliteurs, seul il suffisait à tout. Et savez-vous combien de mariages il a réhabilités, par son influence directe et personnelle ? On en a donné un chiffre, qui n'est pas exact ; il a réhabilité 12,000 mariages. Les enfants ont été légitimés ; la paix, l'honneur, la foi chrétienne sont

___

(1) Deux jours avant la mort de M. Vagner, nous avions perdu le vénérable M. Cauzier, un des membres les plus anciens et les plus zélés de nos Conférences, le trésorier du Conseil central de Lorraine. Dans les grandes fêtes des Conférences dont M. Cauzier était un des organisateurs, M. Vagner se plaisait à adresser quelques paroles d'éloges à l'aimable et dévoué trésorier, dont la modestie ne voulait que l'ombre et le silence : Les deux amis ont été réunis dans l'Eglise triomphante où la charité, qui ne meurt pas, est la félicité et la vie des vrais disciples de saint Vincent de Paul.

rentrés, avec la moralité, dans ces demeures déshonorées et souvent désolées. Ah ! il n'aurait, ce cher mort que nous pleurons, il n'aurait que cette seule œuvre à présenter à Dieu, et les portes de la cité éternelle et les portes de la Jérusalem de la paix, de la félicité et de la gloire devraient s'ouvrir devant lui.

Je ne puis tout citer ; mais pourrai-je oublier les Ecoles chrétiennes libres de Nancy, fondées depuis plus de cinquante ans, et maintenues dans la prospérité et le progrès par votre inépuisable charité ? M. Vagner a été encore l'âme de cette grande entreprise. Il était depuis bien des années le président des deux comités qui ont rendu à nos Ecoles des services inappréciables, le comité de surveillance et le comité d'administration. Rien n'a été décidé, rien n'a été accompli en faveur de nos Ecoles, en dehors de son initiative et de son concours. L'année dernière encore, il ne put résister au désir de visiter les bâtiments de deux nouvelles écoles, que nous allions ouvrir sur la paroisse Saint-Pierre et sur la paroisse Saint-Sébastien ; malgré ses douleurs si cruelles, il prit une voiture et voulut voir dans les détails ces deux écoles, qui réalisaient un de ses vœux les plus ardents.

Il était le président de notre comité de Défense des libertés religieuses, destiné à protéger, avec la foi et la liberté de l'enseignement chrétien, les droits sacrés des consciences et des familles, la liberté des âmes et l'avenir de notre pays. Aux fonctions de président, il joignait celles de secrétaire ; tous les rapports, et presque toute la correspondance étaient écrits de sa main. Il y a huit jours, luttant avec sa volonté de fer contre la maladie qui ne lui laissait plus de repos, il avait convoqué ce comité, et jusqu'au dernier moment, il conserva l'espoir de le présider une dernière fois. Mais ses forces trahirent son courage.

Dans toutes les réunions de ces œuvres et de ces comités, auxquelles j'ai donné constamment et avec joie mon concours, je laissais à M. Vagner la présidence effective ; je l'assistais, je prenais la parole pour donner un avis ou pour faire entendre, à la fin de la séance, quelques paroles d'exhortation ; mais la direction de l'assemblée lui appartenait. Je ne pouvais que laisser toute sa liberté à cet

esprit si judicieux et si pratique, à cette âme si sincèrement dévouée,
à cette activité si admirablement féconde.

Ce que je viens de dire explique la place tout exceptionnelle qu'a-
vait acquise M. Vagner dans les congrès catholiques de France.
Habitants de Nancy, vous qui l'avez entouré de votre respectueuse
sympathie et qui lui donnez, à cette heure, un témoignage si tou-
chant de votre reconnaissance, vous ne vous doutez pas des triom-
phes de M. Vagner, des émotions que soulevait sa parole, à Paris, à
Nantes, à Reims, à Chartres, où il représentait les Œuvres de Nancy.
Quand il apparaissait, l'assemblée se levait et acclamait le vétéran des Œuvres catholiques. Sa parole vive, claire et toujours ins-
pirée par l'amour de l'Eglise, ses conseils si élevés, les leçons
de son expérience soulevaient de nouveaux applaudissements. Le
dernier congrès général auquel il assista fut celui de Paris, en
1883. Le voyage et la fatigue des séances éprouvèrent sa santé, déjà
si profondément atteinte ; et en commençant son rapport sur le
Conseil diocésain de Nancy, il disait : « Aujourd'hui encore, après
quatre années de souffrances, je suis peu autorisé à compter sur
quelques heures de répit ; et pour avoir l'honneur de paraître au
milieu de vous, j'ai dû braver les règles de la prudence humaine. »

Par ces œuvres, par ce travail incessant, par ce dévouement qui
ne connaissait aucun obstacle, M. Vagner a été un des instruments
les plus puissants du réveil de la foi dans ce pays. Lui-même a rappelé bien souvent la situation religieuse de Nancy en 1830. Il y a
50 ans, écoutez bien ceci, Messieurs, il y a 50 ans, on ne voyait pas
un homme à la messe paroissiale dans cette ville. La société lettrée
comptait à peine sept hommes accomplissant le devoir pascal ; et ils
l'accomplissaient à la dérobée, sans oser se réunir jamais. Qui donc
a réveillé la foi sur cette terre de Lorraine ? Qui a fait germer les
œuvres catholiques dans ce sol qui avait reçu pourtant, comme une
semence bénie, les traditions d'un passé qui avait été chrétien ? Ce fut,
tout d'abord, un prophète envoyé de Dieu dans sa miséricorde. Ce prophète, vous le connaissez ; les voûtes de cette cathédrale et bien
des cœurs ici gardent encore l'écho de ses accents inspirés. « Il se leva
comme la flamme, et sa parole brûlait comme une torche ardente :

*Surrexit Elias propheta, quasi ignis, et verbum ipsius sicut facula arde-
bat* (1). » Et il faut répéter ici ce qui a été dit sur sa tombe, au jour de
ses funérailles : « L'étincelle qui ralluma la foi, ce fut un éclair qui
jaillit de cet homme. »

Nancy vit cet éclair jaillir des lèvres de Lacordaire. Les chrétiens
jusqu'alors timides et dispersés se groupèrent autour de sa chaire, et
au premier rang, apparut celui que nous pleurons. Comme nous
l'avons dit, les Conférences de Saint-Vincent-dePaul furent fondées,
la charité multiplia les conquêtes de la foi, le respect humain fut
vaincu, les œuvres catholiques se développèrent, l'Eglise catholique
reprenait possession de cette noble ville.

Ce réveil de la foi, ce triomphe de l'Eglise, vous en êtes les té-
moins. Il y a deux ans, dans cette ville où de rares chrétiens n'osaient
se montrer en public, deux mille hommes sont venus, pendant toute
une semaine, se grouper au pied de cette chaire, pour entendre la parole de leur évêque ; et, le jour de Pâques, plus de douze cents d'entre
eux, régénérés dans le repentir, après avoir fait retentir ces voûtes
du chant du *Credo* catholique, sont venus s'asseoir à la Table Sainte.
Le jour de cette communion générale fut un beau jour pour votre
évêque ; ce fut un beau jour pour le grand serviteur de Dieu que
nous avons perdu. Je n'oublierai jamais qu'après avoir pleuré de
joie, pendant toute la messe, il vint à la sacristie ; il voulait parler :
son émotion et ses larmes ne le lui permettaient pas. Il affirmait que
cette victoire était due à son évêque : il se trompait. J'ai protesté et je
proteste de nouveau sur sa tombe. Cette victoire, elle était due,
avant tout, aux admirables chrétiens qui, depuis 50 ans, ont répandu
parmi ce peuple, sans se lasser jamais, les semences divines de la
foi et de la charité. Cette victoire qui, depuis, s'est renouvelée et
que vous renouvellerez encore, j'en ai l'invincible espérance, cette victoire elle est due, pour une grande part, à celui qui, depuis 50 ans,
a mis au service de Dieu, de l'Eglise et des âmes, son dévouement,
ses forces et sa vie.

----

(1) Eccli. XLVIII, 1.

II

Mais, où donc est la source première de cette admirable puissance ? Où donc est l'inspiration de toutes ces œuvres ? Il faut chercher plus haut que l'homme, plus haut que la terre et le temps, car il ne s'agit point ici des efforts de l'ambition, des institutions éphémères et stériles de la fraternité humaine ; il s'agit des œuvres de la miséricorde surnaturelle et de la charité divine.

Le premier principe de l'influence incomparable de M. Vagner fut sa foi vive et ardente.

La foi est, en effet, le principe de la vie surnaturelle, le principe de toutes les autres vertus chrétiennes. Je l'ai dit, mais je veux le redire, depuis sa première enfance jusqu'à son dernier jour, M. Vagner a été guidé, soutenu, inspiré par la foi. Vous tous qui l'avez entendu, n'avez-vous pas reconnu dans ses causeries intimes, dans ses allocutions, dans ses écrits, l'accent de la foi ?

La foi et ses motifs surnaturels l'ont dirigé toujours. Autant que le permet la faiblesse humaine, ses intentions ont été droites et pures. Il voulait le bien, rien que le bien ; il voulait servir les saintes causes abandonnées et trahies ; il voulait le triomphe de l'Eglise et de Dieu. Permettez-moi cet aveu. J'ai touché déjà à bien des âmes, dans mon ministère de prêtre et d'évêque, et je l'affirme devant Dieu qui m'entend, si j'ai éprouvé, au point de vue de la loyauté et de la pureté des intentions, des déceptions cruelles, je n'ai jamais rencontré une âme, une seule, dont les intentions fussent plus surnaturelles que celles de ce grand chrétien. Sa vie entière, d'ailleurs, a été la vie de la foi : *Justus meus ex fide vivit* (1). Est-ce que tout n'a pas été pour Dieu, dans cette vie consacrée à son service ? Et voilà le secret de ses succès et de ses victoires : *Hæc est victoria quæ vincit mundum, fides nostra* (2).

Et avec la foi, la charité, l'amour des âmes, de la Sainte Eglise ! Je me hâte ; il faut bien cependant que je vous dise avec quel amour

____

(1) Hebr. X, 38.
(2) I Joan. V, 4.

il servait l'Eglise de Dieu. Il l'a aimée, non dans la prospérité et dans
la joie ; il l'a aimée attaquée, maudite. Je ne puis oublier les tristesses
de son cœur en présence des luttes que nous subissons et des menaces de l'avenir. Il parlait avec une profonde douleur des orages qu'il
prévoyait, et il déplorait que les catholiques ne fissent pas, pour
sauver leur pays, des efforts suprêmes.

L'amour de l'Eglise ne va pas sans l'union avec les pasteurs que
l'Esprit-Saint a établis pour la gouverner. Quiconque méprise cette
autorité, qui est l'essence du catholicisme, se révolte contre Dieu
lui-même. Quiconque veut, en dehors de ce pouvoir, se donner une
mission et fonder des Œuvres, n'aboutira qu'à l'impuissance, à la
division, quand il n'aboutira pas à de lamentables ruines.

Personne n'avait de ces vérités une conviction plus profonde que
M. Vagner ; personne n'était plus sincèrement soumis à la hiérar-
chie sacrée, dans laquelle il voyait l'autorité de Dieu.

Il était trop sincèrement chrétien, il aimait trop l'Eglise, il avait
au cœur un désir trop ardent de la servir, pour n'être pas un catholique docile. Aussi, mon vénérable prédécesseur sur le siège épiscopal
de Nancy, Mgr l'Archevêque de Besançon, m'écrivait, il y a quelques
jours : « Je vous serais fort reconnaissant de me rappeler au bon
souvenir de l'excellent M. Vagner et de joindre ma bénédiction à la
vôtre pour ce grand chrétien, à qui toutes les Œuvres de Nancy doivent tant, et dont l'expérience, l'initiative et l'esprit pratique n'ont
été dépassés par aucun de ceux que j'ai vus à la tête du mouvement
charitable de notre temps. »

Pour moi, je tiens à lui rendre ici ce témoignage que, depuis
quatre ans bientôt que j'ai l'honneur et le bonheur d'administrer ce
diocèse, je n'ai reçu de M. Vagner que les preuves les plus touchantes
de son respect et de son affection. Pendant ces quatre années, il n'est
pas de semaine où nous n'ayons traité plusieurs fois, l'un et l'autre,
avec la franchise la plus complète, de toutes les œuvres qui sont la
gloire de ce diocèse, et de toutes les questions qui préoccupent, à
cette heure, les cœurs catholiques, et je déclare que jamais un dis-
sentiment ne s'est élevé entre nous. Nous pouvions avoir, tout d'a-
bord, des pensées différentes ; mais l'entente se faisait toujours pour

réaliser ce qui paraissait le meilleur, le plus utile aux causes que l'un et l'autre nous voulions servir.

Cette union avec l'autorité ecclésiastique, elle est donc possible partout et toujours, malgré le zèle le plus ardent, malgré l'activité la plus prodigieuse, malgré l'initiative la plus féconde ; elle est possible, puisqu'elle est le devoir ; elle est possible, puisqu'elle a existé, puisqu'elle a été ici absolue, parfaite, sans nuage ; je l'affirme devant Dieu et sur le cercueil de cet incomparable serviteur de l'Eglise.

Ah ! c'est que, dans sa foi vive et son ardente charité, M. Vagner plaçait au-dessus de tous les intérêts personnels, de toutes les spéculations de la politique, de toutes les inspirations des partis, de toutes les formes de gouvernement, de toutes les espérances humaines, la cause de la religion, les intérêts des âmes.

Il a ainsi, pendant sa vie entière, mis en pratique les enseignements de Léon XIII, qui ne sont que l'admirable résumé des principes et des traditions catholiques.

Sous l'Empire, ses amis lui disaient que son journal ne pouvait plus, au milieu des entraves imposées à la presse, servir utilement la cause catholique, et qu'il fallait attendre, dans le silence, un temps plus favorable. Ce ne fut point son avis. Il conserva seul la direction de l'*Espérance*, et il continua à défendre, sans faiblesse, les intérêts religieux.

Plus tard, l'Empire voulut obtenir son concours. On lui fit des offres magnifiques ; on lui fit, selon son expression, *un pont d'or*. Il refusa. On lui demandait de servir la politique de l'Empire ; mais on lui laissait sa liberté entière, au point de vue religieux : « Je ne sers, répondit-il, que l'Eglise et la France ; je n'accepterai jamais un autre joug. »

Comme ces paroles étaient sincères ! Comme il a toujours uni, dans son cœur et dans sa vie, l'amour de la France et l'amour de l'Eglise ! Au milieu des désastres de la guerre, il a montré une héroïque courage. Je ne citerai qu'un trait, mais il sera toute une révélation. Le Préfet allemand de Nancy lui demanda d'imprimer un journal destiné à servir les intérêts des envahisseurs : « Jamais, répondit-il, jamais il ne sortira de mes presses un journal qui outrage la France et le Pape. » On le menaça ; la force alors était brutale et souvent barbare. Il méprisa les menaces. Et comme le préfet insistait, voici sa réponse : « Je ne céderai pas, j'enverrai ma famille à la campagne, je briserai mes presses, et vous ferez de moi et de ma maison ce que vous voudrez. » Devant ces accents d'une âme vaillante, la force brutale recula.

Il aimait la France ! Après lui avoir donné un de ses fils, quand le Pape fut menacé, quand la Révolution se préparait à envahir les Etats Pontificaux, il conduisit au Pape ce fils qu'il venait de racheter du service militaire en France. Il voulait, en défendant le pouvoir temporel de la Papauté, suivre la politique traditionnelle de son pays. Prosterné aux pieds de Pie IX et pleurant de joie, il put lui dire : « Très Saint Père, j'ai donné à l'Eglise mon travail, mes forces et ma vie ; je vous offre mon fils, pour la défense de votre trône. »

Quand Rome fut envahie, le jeune Vagner s'enrôla dans les zouaves de Charette, et il tomba, pour la défense de la France, sur le champ de bataille de Loigny. Le père fut désolé ; mais il accepta ce douloureux sacrifice. Il alla chercher parmi les cadavres le corps de son fils, et il eut la consolation de le retrouver. M. le curé de Loigny, dont l'église avait été ruinée dans le combat, songeait à élever sur le champ de bataille un monument qui rappelât le souvenir des héros chrétiens. M. Vagner lui proposa de reconstruire son église et d'en faire le monument qu'il désirait. Il fallait trente mille francs. L'infatigable apôtre annonça son projet dans les journaux : il sollicita la générosité de la France, et l'église de Loigny fut reconstruite.

Un jour, une grande cérémonie funèbre fut accomplie sur le champ de bataille de Loigny. Après le discours prononcé par un ancien aumônier militaire, on demanda avec instance à M. Vagner de se faire entendre. Son talent n'était pas celui de l'improvisation, et il n'avait pas songé à prendre la parole ; mais il s'abandonna à l'inspiration qui lui venait de son cœur. Le père attristé, mais fier de son enfant, le Français pénétré de la pensée des malheurs de son pays, fit entendre des accents si émouvants, que toute l'assemblée fondit en larmes. On pria l'orateur de reproduire son discours : ce fut impossible. Il l'a affirmé plusieurs fois, jamais il n'a pu retrouver ni une des paroles qu'il avait prononcées, ni une des pensées qu'il avait exprimées.

Dans sa charité, dans son dévouement, ce cher défunt n'a pas donné seulement aux pauvres de Jésus-Christ et aux œuvres catholiques sa parole, son travail, ses forces ; mais il donnait son argent avec la même libéralité. Il demandait beaucoup et il donnait beaucoup. On ne saura jamais les aumônes qu'il a faites en secret à toutes les infortunes qui le sollicitaient sans cesse et celles qu'il a faites, après d'énergiques leçons, aux malheureux dont il entreprenait de réhabiliter l'union. Il avait l'intelligence surnaturelle du pauvre ; il savait l'encourager, le relever et le secourir : *Beatus qui intelligit super egenum et pauperem*. Et le texte sacré ajoute : Au jour de ses épreuves, Dieu délivrera celui qui sait ainsi comprendre le pauvre, *In die mala liberabit eum Dominus*, et il lui apportera un secours précieux sur son lit de douleur, *Dominus opem feret illi super lectum doloris ejus* (1).

J'ai été le témoin de l'accomplissement de cette promesse divine. Il est venu, le Dieu des pauvres et des affligés, le Dieu de Bethléem et du Calvaire, près de ce lit de douleur où le généreux chrétien a été retenu si longtemps. Il l'a consolé et fortifié jusqu'à sa dernière heure.

Je n'ai point assez dit quel a été le dévouement de M. Vagner. Il y avait 55 ans qu'il travaillait aux Œuvres catholiques, quand Dieu l'a appelé à lui. Et quel travail ! Ceux qui n'ont pas pénétré dans l'intimité de sa vie, ne peuvent en avoir une idée. Pendant ces 55 ans, M. Vagner n'a donné à son principal repas que vingt minutes, et un quart d'heure au repas du soir. Ce repas fini, il retournait à son travail jusqu'à une heure avancée de la nuit. Il ne faisait que des visites d'affaires, il travaillait quinze heures et parfois dix-huit heures par jour.

Il y a deux ans, j'allais le visiter la veille du premier jour de l'an ; j'allais lui porter les vœux de mon cœur et le témoignage de ma reconnaissance. Je le trouvai dans son cabinet de travail, et il me dit : « Hier, j'ai travaillé douze heures pour la seule œuvre de Saint-François-Régis, et aujourd'hui six heures. » C'est ainsi qu'il achevait les années, et c'est ainsi qu'il les commençait. Dans ce dévouement,

(1) Ps. XL, 2.

il a consumé ses forces ; sa santé de fer s'est usée au service de Dieu. Et voilà pourquoi vous faites de ses funérailles un véritable triomphe.

Il est allé jusqu'à l'immolation, qui est le degré suprême de la vertu. Il a accompli la divine loi de la grandeur morale ; et, à la suite de son Maître, c'est par la douleur, par le sacrifice, qu'il est entré dans la gloire : *Oportuit pati Christum, et ita intrare in gloriam suam* (1). Il lui fallait cette dernière consécration. Dieu ne la lui a pas épargnée. J'en ai la ferme confiance. les imperfections de notre nature déchue, les fautes inséparables de notre faiblesse humaine ont été expiées par un long martyre. Avec quel courage il a supporté ses souffrances ! Le jour où je lui administrai le Saint-Viatique et l'Extrême-Onction, il voulut se lever ; il s'habilla comme aux grands jours de fête ; il mit à son cou sa croix de commandeur de Saint-Grégoire, témoignage de la haute bienveillance de Léon XIII, et il reçut les derniers sacrements avec une piété profonde. Mais, quand j'approchais de ses lèvres la Sainte Hostie, l'émotion lui donna une de ces crises terribles qui, malgré l'énergie de sa volonté, lui arrachaient des larmes.

Il a éprouvé des souffrances morales souvent plus cruelles que les tortures physiques ; il a souffert de son inaction, de son impuissance pendant ces dernières années. Combien de fois m'a-t-il dit, avec un accent de profonde tristesse et les larmes aux yeux : « Je ne puis plus rien, je ne suis plus bon à rien ; je ne puis plus travailler pour les pauvres et pour Dieu. » Il fallait le consoler.

Il subissait une autre épreuve : « Je crains, disait-il, les jugements de Dieu. Ai-je fait mon devoir ? Ai-je assez travaillé ? Mes intentions ont-elles été droites et pures ? » Il fallait le rassurer, lui parler de la bonté et de la miséricorde divines. Je l'affirme avec une conviction profonde, si le ciel n'est pas accordé à cet admirable chrétien, ni vous ni moi nous ne pouvons y prétendre.

Les dernières paroles qu'il m'a adressées révèlent son âme toute entière : « Monseigneur, me disait-il, si Dieu m'admet dans son Paradis, je ferai encore tout ce qui me sera possible pour le triom-

---

(1) Luc. XXIV, 26.

phe de l'Eglise. » Ah ! oui, je compte sur ses prières : elles doivent être bien puissantes. Il priera pour nous ; il protégera, dans la félicité et dans la gloire de la récompense céleste, ces œuvres qui lui étaient si chères. Au seuil de la cité bienheureuse, il a pu redire ces paroles de saint Paul : « J'ai combattu le bon combat, le combat de Dieu, de la charité, du dévouement, *Bonum certamen certavi ;* j'ai consommé ma course ; Seigneur, toujours j'ai été fidèle à votre parole, j'ai pratiqué vos commandements, j'ai défendu votre Eglise , j'ai mis mon intelligence et mon cœur, mes forces et ma vie à votre service, *Cursum consummavi ;* j'ai gardé la foi ; elle a pénétré mon cœur ; elle a inspiré toutes mes actions ; je n'ai pas seulement gardé la foi intacte, pure, vivante, toute-puissante en moi, je l'ai fait rayonner et resplendir dans cette ville, dans cette chère Lorraine, et autant que je l'ai pu, dans la France entière, *Fidem servavi.* Aussi, j'attends avec confiance la couronne de justice que vous m'avez promise, et que vous réservez à tous ceux qui, comme moi, travaillent à l'avancement de votre règne et qui l'appellent de tous leurs vœux. *In reliquo reposita est mihi corona justitiæ, quam reddet mihi Dominus in illa die, justus judex, non solum autem mihi. sed et iis qui diligunt adventum ejus* (1). »

Cher et vénéré M. Vagner, laissez-moi me tourner encore vers vous ; vous m'entendez, répondez à ma parole. Obtenez-nous des chrétiens vaillants, des défenseurs infatigables de la justice et de la vérité. Obtenez, par vos prières, que nous aimions, comme vous, les petits et les pauvres ; que nous sachions les consoler et les secourir ; que nous soyons, comme vous, les véritables amis et les véritables apôtres du peuple, qu'on exploite et qu'on égare. Protégez ces œuvres auxquelles vous avez donné une impulsion si puissante. Obtenez à votre évêque, que vous avez tant aimé, de marcher sur vos traces, de se donner tout entier, sans repos et sans trêve, et de mourir debout pour les âmes et pour Dieu, pour l'Eglise et pour la France !

Ainsi-soit-il !

---

(1) II Tim. IV, 7, 8.

LETTRE DE M. LE PRÉSIDENT

DES CONFÉRENCES DE SAINT-VINCENT-DE-PAUL

DE LA LORRAINE

20 avril 1886.

Mes chers Confrères,

Le 14 avril dernier, une douloureuse épreuve nous était imposée : nous perdions l'homme éminemment charitable, le grand chrétien qui nous quittait pour entrer dans la vraie vie. Vous le connaissiez ; aussi le regrettez-vous profondément. Depuis quelques jours, les échos de la renommée, unis à ceux de la presse, vous ont raconté ses travaux, ses vertus, et les honneurs exceptionnels que Monseigneur l'évêque de Nancy et de Toul a daigné décerner à sa mémoire. Vous n'avez pas manqué de lire les remarquables articles qui lui ont été consacrés dans le *Journal de la Meurthe et des Vosges*, dans l'*Espérance*, dans la *Semaine Religieuse* de la Lorraine (n°ˢ des 15, 16, 17 et 18 avril). Cependant j'ai besoin de venir vous parler encore de notre incomparable et si regretté confrère, d'associer mon chagrin au vôtre et de m'édifier avec vous, au souvenir d'une carrière si riche de mérites devant Dieu et devant les hommes.

Tous ceux qui ont été à même d'entretenir des relations avec M. Vagner, de le voir, de l'entendre, ou seulement de correspondre avec lui, savent l'intelligence, l'ardeur et l'efficacité de son zèle pour le soulagement des misères physiques et pour la guérison des plaies morales, bien plus déplorables que la pauvreté matérielle. On pouvait dire de lui qu'il croyait n'avoir rien fait, tant qu'il lui restait quelque bien à faire ; aussi, quand le labeur de ses longues journées ne suffisait pas à la tâche qu'il s'était imposée, il entamait ses nuits pour l'achever, se refusant ainsi le repos nécessaire à sa santé.

Sa sollicitude pour le soutien et la prospérité des institutions charitables était incessante; il en a donné des preuves touchantes jusqu'à la fin de son passage en ce monde. Pendant les nombreuses journées de vives souffrances qu'il eut à traverser, son énergique volonté trouvait la force de prier, de réciter le chapelet, d'écouter des lectures de piété; puis, dès qu'il y avait quelque rémission dans ses douleurs, il se remettait à lire lui-même, à consulter ses notes et à écrire des documents utiles à quelqu'une de ses associations. C'est ainsi que, peu de temps avant le 14 avril, il écrivait au Conseil général de Saint-Vincent-de-Paul une lettre dont la netteté, la précision et l'esprit de charité rappelaient la vigueur et l'élan des beaux jours de sa jeunesse.

Il y a un an, prévoyant déjà la fin prochaine de son pèlerinage, il se préoccupait avec nous de l'avenir des œuvres qu'il présidait, ou dans lesquelles il occupait une place importante. Il ne s'agissait pas de le remplacer : on ne remplace pas un homme de sa valeur; et puis, il voulait rester sur la brèche jusqu'au dernier jour. Il s'agissait de lui chercher des aides, devenus indispensables. Nous fîmes alors la liste des œuvres auxquelles il donnait une part de son temps, et nous en trouvâmes jusqu'à dix-sept. Ce seul chiffre suffit à nous révéler la multiplicité de ses généreux efforts et celle des très pénibles vides, causés par sa disparition.

Un jour, il y a déjà plusieurs années, les Conférences de notre circonscription s'étaient rendues à Benoîtevaux. M. Vagner s'y trouvait, selon sa constante coutume ; il y avait déployé sa gaîté, sa verve et son esprit habituels. Après une matinée consacrée à la prière et au travail, à la fin de nos modestes agapes, il voulut offrir aux pèlerins une précieuse relique : c'était une parcelle du chêne, encore vivace de nos jours, sous lequel saint Vincent de Paul s'abritait dans son enfance, quand il gardait les moutons de son père. Cette parcelle formait une petite croix joliment encadrée. Il aimait beaucoup notre patron, et il était jaloux de lui attirer des hommages. Il pensait, avec l'illustre Ozanam, que c'est un cœur auquel il faut réchauffer son cœur, une intelligence où l'on doit chercher des lumières, et il voyait en lui un modèle sur la terre en même temps qu'un protecteur au ciel. Après avoir émis quelques idées dans ce sens et avoir distribué son gracieux cadeau, M. Vagner demanda que cette relique servît aussi à raviver son propre souvenir et à lui obtenir des prières quand il paraîtrait devant Dieu. Eh bien ! le temps de lui donner satisfaction est arrivé ; c'est à nous d'acquitter maintenant la dette de notre reconnaissance : prières, choisies de préférence parmi celles à la récitation desquelles sont attachées des indulgences ; communions, bonnes œuvres, offrande du saint sacrifice : voilà ce que sa belle âme espère de nous. Nous ne voudrons pas la tromper dans son attente, et nous hâterons, par notre empressement, si elle en avait encore besoin, le jour de son entrée dans le ciel.

Mettons à profit les fortifiants exemples que nous laisse le cher M. Vagner. Prenons la ferme résolution de marcher sur ses traces. Que son courage et sa féconde activité restent toujours présents à notre esprit, et gravent dans notre cœur une impression ineffaçable. Quand nous irons le revoir, là où on se retrouve pour ne plus se quitter, il faut qu'il puisse nous dire : « Merci pour votre pieuse assistance ! merci pour votre fidèle souvenir ! De mon côté, je ne vous ai pas oubliés, j'ai souvent demandé pour vous les grâces dont vous aviez besoin. Maintenant, réjouissons-nous dans le Seigneur, aujourd'hui et à jamais. » Préparons-nous cette enviable rencontre, mes chers confrères : pour l'obtenir, travaillons vaillamment à procurer la gloire de Dieu et le salut du prochain.

Votre confrère affectueusement dévoué,

Comte DE LAMBEL.

LETTRE

DE

MONSEIGNEUR L'ARCHEVÊQUE DE BESANÇON

M. le curé de Tomblaine qui s'était fait un devoir d'informer Mgr Foulon de la mort de son père, a reçu la lettre suivante, qui est un véritable titre d'honneur pour la famille, et qui prouve en quelle haute estime Sa Grandeur tenait M. Vagner :

ARCHEVÊCHÉ

DE

BESANÇON
———

« Besançon, le 15 avril 1886.

« Cher monsieur le Curé,

« Je prends la plus vive part au deuil de votre chère famille.

« Toute prévue qu'était cette grande épreuve, nous aimions à nous persuader que Dieu la retarderait encore, mais il Lui a plu d'abréger les souffrances de ce cher père, et de le faire entrer, plus tôt que nous ne le pensions, dans le repos divin si bien dû à ceux qui ont travaillé si *abondamment* pour lui : *Abundantius omnibus laboravi.*

« C'est bien ce qu'a fait votre excellent père dans le cours d'une vie qui a été, littéralement, consacrée tout entière au bien.

« Mais quelle perte pour le diocèse de Nancy et pour les Œuvres catholiques! M. Vagner en a été l'âme pendant plus d'un demi-siècle, par ses initiatives fécondes, par son ferme

5

vouloir, par sa direction éminemment pratique, et surtout par son remarquable esprit de foi et par son absolu dévouement.

« S'il était permis de parler de gloire en face de la mort, j'aurais le droit de féliciter votre famille de l'honneur que lui a fait une pareille vie.

« Personnellement, j'étais fier de ce grand chrétien, comme d'une des plus grandes gloires de mon diocèse ; je mettais même un véritable amour-propre à en parler, lorsqu'on me citait les hommes qui sont, en France, à la tête des bonnes Œuvres. Je n'ai jamais souffert qu'on mît son nom au second rang. A mon sens, il marchait à la tête de ceux qui, depuis cinquante ans, ont établi dans le pays le grand courant de la charité, auquel on doit des manifestations si consolantes de la foi pratique : Grandes forces, mon cher ami, et grande espérance, au milieu de tant de misères et de motifs de découragement !

« Votre père aura eu une part très considérable dans ce mouvement fécond. Nancy en a surtout profité ; et si cette ville et ce diocèse se distinguent entre bien d'autres, par le nombre des Œuvres, par le zèle et l'intelligence de ceux qui les dirigent, par les résultats vraiment remarquables qu'ils obtiennent, je le dis hautement, c'est à votre père qu'ils en sont en grande partie redevables.

« Je n'aurai pas la triste consolation d'assister à ses funérailles ; mais j'y serai présent par mes prières, comme je suis déjà avec vous par mes regrets.

« Veuillez bien le dire à votre vénérable mère, à vos frères et à vos sœurs ; faites-leur agréer, avec l'expression de mes bien douloureuses sympathies, l'assurance de l'affection déjà ancienne que j'ai pour eux tous, ainsi que de mon inaltérable dévouement.

« Croyez-moi bien à vous de cœur.

« † JOSEPH, *archevêque de Besançon.* »

BILLET DE CONDOLÉANCE

DE

Monseigneur LANGÉNIEUX

ARHEVÊQUE DE REIMS

---

24 avril 1886.

L'archevêque de Reims s'est associé au deuil de la vénérable famille Vagner, qui perd son digne et bien-aimé chef ; et, avec les hommes d'œuvres, avec les généreux chrétiens de la Lorraine, il verse des larmes et des prières sur la tombe du soldat intrépide de toutes les grandes causes, qui vient de succomber au milieu du bon combat, et que Dieu a déjà couronné dans le ciel. Que cette pensée du ciel où ilse repose, soit la consolation de tous les siens !

LETTRE DU P. JOSEPH

Douvaine, le 26 avril 1886.

Très cher Monsieur le Curé,

J'apprends aujourd'hui seulement, au retour de mes retraites et prédications de Carême, la douloureuse nouvelle de la mort de votre excellent père : j'en suis navré. Le vaillant athlète de la Sainte Église, le grand chrétien n'est plus... Quelle perte pour les œuvres de Dieu et de la France ! Quel vide pour les siens, pour son incomparable compagne surtout ! Ma pauvre vie, depuis la triste guerre de 1870-71, a été trop mêlée à la sienne, si laborieuse et si féconde, pour ne pas unir mes regrets et mes larmes aux vôtres, sur cette tombe désormais glorieuse. Je déteste l'éloge banal ; nous sommes en présence de faits et d'œuvres qui eussent suffi à remplir la vie de plusieurs hommes, et qui font de M. Vagner le fils le plus illustre de votre ville de Nancy et de la Lorraine. Mgr Foulon, me parlant un jour de lui, me faisait cette remarque : « Je ne le remplacerai pas par vingt hommes, quel que soit leur mérite. » Et vous dirai-je qu'au loin, ses nombreux amis, moins familiers avec cette douce et sainte figure, redoutaient, comme l'on fait pour un malheur public, la disparition de votre admirable père ? C'est que les élans de sa foi, les ardeurs de sa charité, allaient bien au-delà du diocèse ; il avait horreur de la *religion du clocher*, qui isole et stérilise tant d'œuvres ; apôtre dans toute la force du mot, il ambitionnait pour toutes l'union qui a fait si redoutables les sectaires modernes. C'est cette haute et rare intelligence des hommes et des choses, qui l'a conduit si fréquemment dans nos congrès catholiques, où il occupait une place si remarquée et si salutaire. C'est là surtout que nous avons appris à l'aimer et à le vénérer. Et je serais un ingrat à sa mémoire, si je n'ajoutais que ce sentiment, si pratique chez lui, m'a valu l'honneur de ses meilleures sympathies.

Pendant que j'étais aumônier des prisonniers de guerre en Allemagne, il avait trouvé le moyen de m'envoyer des secours pour les pauvres vaincus, qu'il estimait plus malheureux que les *envahis* de la Lorraine.

Lorsque je commençai l'*Œuvre si nationale des Tombes,* qui assurait sur la terre étrangère, au soldat mort, une pierre rappelant la France et une croix indiquant le chrétien, M. Vagner était à mes côtés. Ma mission à Genève, mes œuvres d'ouvriers, ont eu son appui ; tout cela cependant était bien loin de Nancy. Mais de quelle tendresse n'entourait-il pas nos œuvres d'orphelins, fondées pour soustraire à la propagande protestante les enfants catholiques ! Je lui dois d'avoir été invité à prêcher trois fois les retraites générales de vos conférences de Saint-Vincent de Paul ; et n'allez pas croire qu'en moi il appelait le prédicateur éloquent ; non, il voulait être aussi le quêteur de mes œuvres, et il y apportait un zèle qui m'a toujours étonné profondément.

Chaque année, M. Vagner m'envoyait sa cotisation de 50 fr. Que d'aumônes secrètes, et que Dieu a couronnées !

Ce fait étrange, presque introuvable chez nos hommes d'action, dénote à lui seul quel cœur battait dans cette vaillante poitrine. Je n'ai jamais cessé de le redire : si chaque diocèse de France avait possédé un combattant de la taille de M. Vagner, unissant tant d'efforts disséminés et découragés, pour la lutte commune, qui sait si, au lieu de nous trouver aux bords de l'abîme, nous ne toucherions pas le port du salut !

J'espère qu'une plume populaire redira quelque jour ce qu'a été cette grande vie, enseignant aux hommes ce que peut *un laïque.* L'apostolat de votre père sera ainsi continué par l'éloquence des exemples, toujours supérieure à celle de la vérité : *Defunctus adhuc loquitur* ; et je ne sache pas que l'on puisse ériger à sa mémoire un monument plus digne d'elle.

Vous voudrez bien offrir à Mᵐᵉ Vagner et à tous les membres de votre famille l'hommage de mes bien vives condoléances et agréer, M. le Curé, l'expression de mes fraternels et respectueux sentiments.

J. JOSEPH,

Missionnaire apostolique, ancien aumônier militaire.

DÉSACIDIFIÉ A SABLÉ
EN : 1991

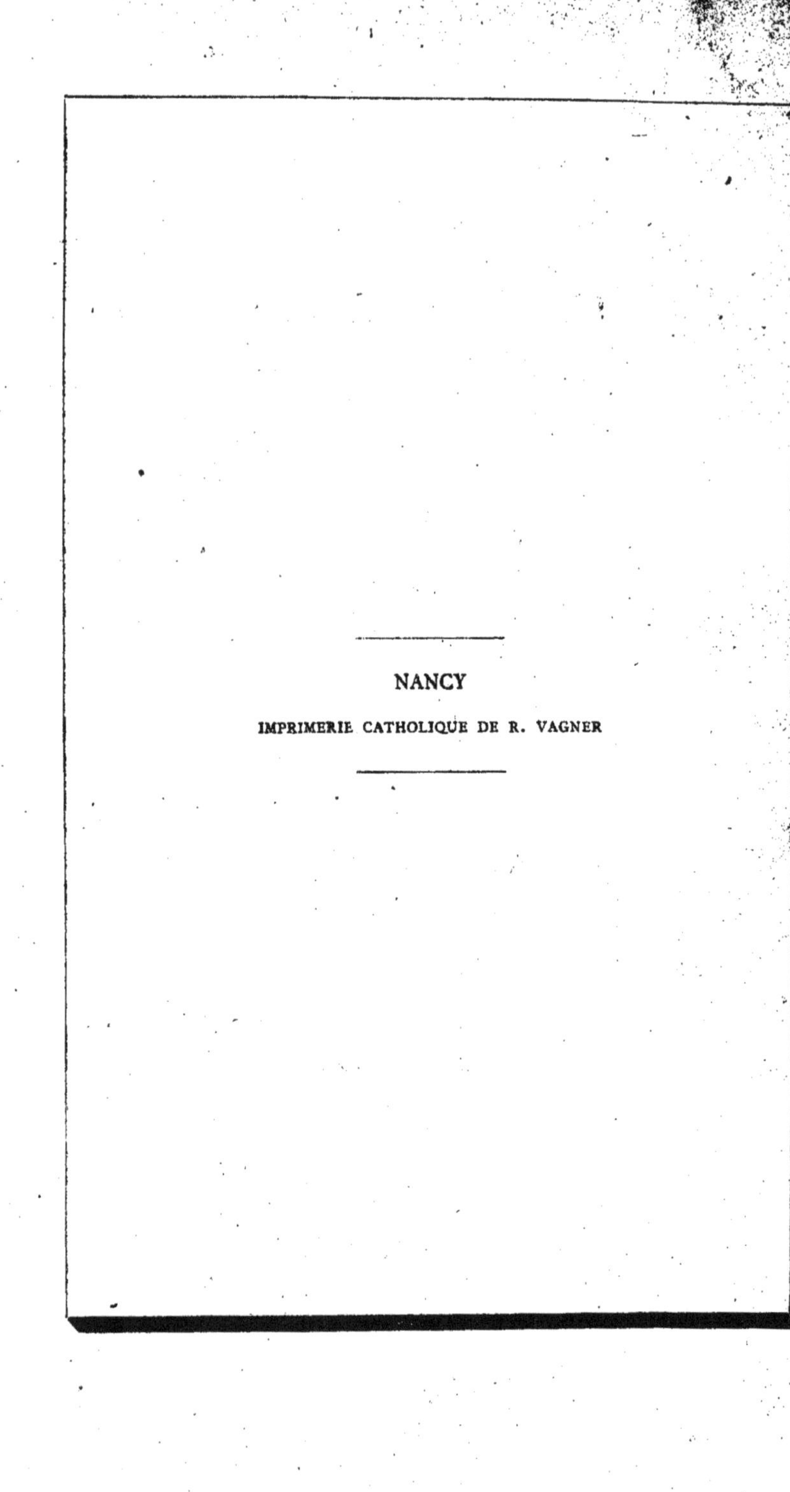

NANCY

IMPRIMERIE CATHOLIQUE DE R. VAGNER

www.ingramcontent.com/pod-product-compliance
Ingram Content Group UK Ltd.
Pitfield, Milton Keynes, MK11 3LW, UK
UKHW031816170726
13836UKWH00003B/1435